LA
DÉLÉGATION EN PERSE

DU

MINISTÈRE DE L'INSTRUCTION PUBLIQUE

1897 à 1902

PAR

J. DE MORGAN

DÉLÉGUÉ GÉNÉRAL

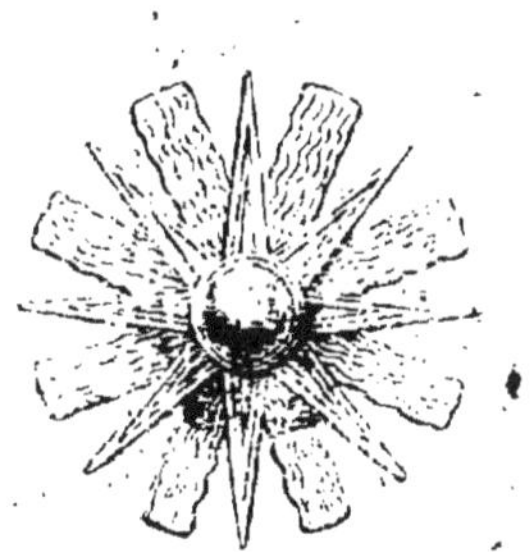

PARIS

ERNEST LEROUX, ÉDITEUR,

28, RUE BONAPARTE, VIe

—

1902

LA DÉLÉGATION EN PERSE

DU

MINISTÈRE DE L'INSTRUCTION PUBLIQUE

1897 À 1902

IMP. ORIENTALE A. BURDIN ET Cie, ANGERS.

LA
DÉLÉGATION EN PERSE

DU

MINISTÈRE DE L'INSTRUCTION PUBLIQUE

1897 à 1902

PAR

J. DE MORGAN

DÉLÉGUÉ GÉNÉRAL

PARIS

ERNEST LEROUX, ÉDITEUR,

28, RUE BONAPARTE, VIᵉ

—

1902

GRANDE TRANCHÉE DE L'ACROPOLE DE SUSE EN JANVIER 1902
Niveau de 20 mètres de profondeur.

AVANT-PROPOS

Ce n'est pas un livre que j'offre ici au pu
blic mais simplement une conférence écrite
pour les amis de mon expédition qui, sans
être des spécialistes, s'intéressent aux
choses de l'antiquité, veulent connaître les
moyens d'action dont nous disposions dans
nos fouilles, les résultats de l'entreprise,
notre existence aventureuse, nos soucis et
nos joies.

Je ne donnerai pas un *Journal* de mon
expédition. Il y a beau temps, en effet, que
j'ai compris le manque d'attrait de semblables écrits où, dans de longues pages,
l'auteur fournit quelques rares documents
dignes d'intérêt entre deux récits de mauvais repas ou de nuits d'insomnies. Je ferai
grâce aux personnes qui voudront bien me

lire de tous les incidents n'ayant pas trait à la conduite générale de nos affaires.

Le but qui m'était assigné, quand je repartis pour la Perse en 1897, était de créer un service archéologique français dans ce vaste empire et, plus généralement, d'exploiter à tous les points de vue scientifiques ces régions peu connues. Ce but, je ne l'ai jamais perdu de vue et les nombreux détails, qui font sur le moment l'objet de sérieuses préoccupations, n'ont plus aujourd'hui d'intérêt pour moi. Il faut oublier les difficultés passées et conserver toutes ses forces pour celles à venir.

Dans toutes les phases de l'œuvre, notre Gouvernement ne cessa de me prêter l'appui le plus efficace. Messieurs les Ministres de l'Instruction publique et des Affaires étrangères, MM. Léon Bourgeois, Leygues et Delcassé, ont droit à mon entière gratitude.

J'exprimerai tout spécialement aussi ma reconnaissance à ceux qui m'ont le plus aidé dans ma tâche : à M. Xavier Charmes, mon excellent ami qui, avec le précieux concours de M. le sénateur Boulanger a créé, je puis dire, la Délégation et à M. P. Liard, l'éminent Directeur de l'Enseignement Supérieur, à qui nous sommes redevables de l'établissement définitif de notre institution en Perse.

Il ne suffit pas, en effet, de déployer de l'énergie et de la volonté, il faut être appuyé. Ces personnages nous ont, non seulement soutenus dans les débuts, conjurant et prévoyant les obstacles possibles et les complications probables ; mais encore ils nous ont continué jusqu'à l'issue leurs hauts encouragements. Il leur revient une grande part dans notre réussite et toute notre gratitude leur est acquise.

S. M. Mozaffer-ed-Din-Châh, lui aussi, s'est montré bienveillant et soucieux de nos intérêts. Il est le seul des souverains orientaux qui facilite les études dans son pays, sans chercher à en tirer profit et, en cela, donne l'exemple à bien des gouvernements européens.

Le Roi, digne maître d'un peuple spirituel, lettré et artiste, aime l'histoire de la Perse. Nos recherches l'intéressent ; j'espère qu'un jour elles lui permettront de connaître ce que furent ses États pendant cette période sur laquelle les écrivains orientaux ne nous ont transmis que des fables. Sa part d'honneur sera grande dans cette résurrection du passé.

Développement d'un cylindre en émail bleu (fouilles de Suse.)

I

CE QU'ON CONNAISSAIT DE LA SUSIANE AU DÉBUT DU XIXe SIÈCLE. — TRAVAUX DE LOFTUS. — MISSION DIEULAFOY. — MON SÉJOUR A SUSE EN 1891.

Les efforts de la Délégation en Perse du Ministère de l'Instruction publique se sont, jusqu'ici, principalement portés sur la Susiane. C'est donc par la capitale du royaume élamite que je commencerai mon récit.

Les origines de Suse se perdent dans la nuit des temps. Nous ne connaissons pas, comme pour tant d'autres cités illustres, l'époque de sa fondation ni le nom de son fondateur.

La disparition complète de la métropole de l'Elam date seulement du moyen âge. Ruinée à maintes reprises, elle fut encore habitée par les Arabes longtemps après l'invasion musulmane.

Son nom s'est conservé, jusqu'à nos jours, dans l'appellation de *Chouch* que les nomades voisins donnent aux buttes artificielles qui furent autrefois la populeuse cité.

Au début du xix⁰ siècle, nous ne connaissions Suse que par la Bible, par quelques auteurs grecs tels qu'Hérodote, Arrien et Strabon, ainsi que par les récits des écrivains orientaux ; encore ces documents ne nous fournissaient-ils que des renseignements bien vagues remontant presque tous au temps des souverains Achéménides.

Quelques voyageurs européens du xvii⁰ et du xviii⁰ siècles visitèrent les ruines ; mais ce n'est qu'au xix⁰ siècle qu'un Anglais, Loftus, dans son livre *Travels and discoveries in Chaldea and Susiana* fit connaître les résultats de ses recherches et retrouva d'une manière scientifique le site de Suse.

Loftus et le colonel Williams opérèrent pendant deux hivers des fouilles dans les ruines ; ils découvrirent les restes de la salle du trône des successeurs de Darius, firent çà et là des tranchées dans toutes les buttes et recueillirent un certain nombre de documents qui eussent été d'importance si les textes cunéiformes ayaient été alors déchiffrables.

Le travail des explorateurs anglais est fait avec une grande conscience ; il donne des plans exacts du monument dit l'Apadana et montre que ce palais était construit sur le modèle de celui, bien connu, de Persépolis.

C'est vers cette époque, que nos connaissances s'accrurent par le déchiffrement des textes cunéiformes découverts à Ninive.

Les rois assyriens s'étaient plu à retracer sur la pierre les hauts faits de leur règne et leurs campagnes de pillage. Suse nous apparaît dès lors sous un nouveau jour. Ce n'est plus une ville principale de l'Empire perse, ou la capitale d'un petit état; Suse est le centre d'un vaste et puissant royaume, une ville très ancienne dont le rôle fut considérable dans les annales du monde.

L'Elam, allié aux souverains de Babylone mesure ses forces contre l'Assyrie elle-même et souvent avec succès; les rois d'Assour échouent pendant des siècles dans leurs tentatives jusqu'au jour où Assourbanipal, mettant à profit des dissensions politiques chez ses ennemis, parcourt en vainqueur le royaume d'Elam, dévaste ses villes et ses campagnes et s'empare enfin de sa capitale.

« J'ai pris, dit-il, la grande ville de Chouchân, le siège de leurs grandes divinités, le sanctuaire des oracles. Par la volonté d'Assour et d'Istar je suis entré dans ses palais et m'y suis reposé avec orgueil. »

L'intérêt des ruines de Suse était bien accru par les révélations des textes assyriens. Il était aisé de penser que les rois de Ninive, jaloux de leur gloire, ne nous avaient laissé que les récits de leurs suc-

cès, et que le royaume d'Elam avait été plus important encore que ne l'avouaient les inscriptions
triomphales de Koyoundjik.

La France fut la première à songer à Suse; elle
envoya il y a vingt ans environ une mission ayant
à sa tête M. Marcel Dieulafoy dont les travaux
durèrent deux hivers.

La mission Dieulafoy ne s'attacha qu'à l'étude
des vestiges achéménides; les travaux de Loftus
furent repris au Memnonium; le sol de l'Apadana
se couvrit de nouvelles tranchées et des fouilles
s'ouvrirent dans bien des parties des ruines.

Les résultats de cette expédition furent très re-
marqués au point de vue artistique. De fort beaux
morceaux, mis au jour, enrichissent aujourd'hui
notre Musée du Louvre.

L'histoire, toutefois, n'avait rien gagné aux explorations nouvelles; la Suse élamite restait encore
ensevelie dans l'oubli le plus complet. Quelques
textes sur briques, conçus en une langue inconnue,
antérieurs à la souveraineté perse, indiquaient, il
est vrai, que l'histoire de l'Elam n'était pas à jamais
perdue; mais ces textes, trop peu nombreux,
avaient résisté à la sagacité des traducteurs les
mieux préparés.

Chargé par le Gouvernement français d'une mission d'exploration générale en Perse (1889-1891),
je terminais mon voyage par la visite de l'Arabis-

tan et je venais, au début du mois de septembre, planter mes tentes sur le tell de Suse.

Lorsque, débouchant du Louristan, on descend les dernières pentes montagneuses pour gagner Dizfoul, l'horizon s'ouvre sur la plaine susienne, immensité qui se perd dans un lointain brumeux, sans collines, sans arbres, pays désolé au milieu duquel un relief insignifiant, à peine visible d'une aussi grande distance, signale le site où s'éleva jadis la cité royale d'Elam.

Ces plaines, autrefois si fertiles, ne sont plus aujourd'hui qu'un désert, immense pâturage au cours de l'hiver, pays brûlé par les chaleurs torrides de l'été.

Çà et là, quelques points noirs indiquent les campements des nomades, villages mobiles qui, dans la saison sèche, se concentrent sur les rives des cours d'eau, pour se disséminer de nouveau quand commencent les pluies.

Dizfoul et Chouster sont les deux seules villes de l'Arabistan; elles sont bâties sur les rives des deux principaux fleuves du pays, l'Ab-è-Diz et le Karoun.

Un autre grand fleuve, la Kerkha, dont les bords étaient autrefois florissants, coule à proximité de Suse. Ses rives humides sont couvertes de tamaris et de saules, maigres forêts que seul habite le gibier.

Ces trois grands fleuves ne sont pas sans affluents : la Kerkha reçoit quelques tributaires ; l'Ab-è-Diz voit ses eaux grossies par le Chaour, ruisseau de la Suse actuelle, et le Balad-Roud, torrent parfois impétueux, qui descend des montagnes loures.

Jadis les eaux de tous les fleuves et des moindres ruisseaux étaient soigneusement captées, elles répandaient la richesse dans les terres. C'est pour elles que *Khammourabi* écrivit des lois spéciales, deux mille ans avant notre ère, lois que nous venons de retrouver.

Les canaux étaient nombreux dans ces temps, une légère dénivellation indique seulement aujourd'hui le tracé qu'ils suivaient ; quelques-uns peuvent être étudiés ainsi sur bien des kilomètres de longueur.

En quittant Dizfoul pour gagner Suse, on traverse un grand nombre de ces canaux antiques, quelques fossés modernes sans tracé régulier, œuvre des nomades, et le Balad-Roud ; puis le terrain s'incline vers la Kerkha.

Suse n'est pas visible de la plaine, les tells n'apparaissent qu'après le passage du Balad-Roud alors qu'on n'en est plus qu'à dix kilomètres au plus.

Les petites buttes, à peine visibles du pied des montagnes loures, changent alors d'aspect ; elles apparaissent, tout à coup, sous forme de collines aux flancs ravinés, étendues et élevées. Leur silhouette, se découpant sur la verdure sombre de la

Kerkha, se détache, suivant les saisons, en jaune d'or ou en vert clair ; une butte plus élevée que les autres domine tous les reliefs voisins : cette butte renferme les restes de l'Acropole. C'est là qu'étaient les palais, les temples des rois d'Elam, là que les Grecs s'emparèrent des trésors de Darius Codoman.

Plus bas, au milieu des broussailles épineuses, sont les vestiges informes du palais du Roi des Rois ; quelques fragments de colonnes, mis au jour par les fouilles, indiquent seuls l'emplacement de ces somptueux édifices qu'Alexandre le Grand renversa.

Les ruines de Suse, si toutefois je puis donner le nom de ruines à ce vaste amoncellement de débris sans forme, produisaient avant nos travaux une grande impression, par leur importance, par leur couleur changeante suivant les heures du jour et par la solitude affreuse de tout ce qui les entoure. Seule une petite mosquée délabrée, décorée pompeusement, mais sans preuves, du nom de Tombeau de Daniel le prophète, rappelait le voyageur moderne à l'antique passé.

Aujourd'hui le charme de cette solitude est rompu : on ne voit que tranchées et déblais, les pentes dorées ont pris le ton brun des terres, les ravins creusés par les pluies sont comblés, un château fort s'élève sur la partie la plus élevée des

tells qui ne voient plus comme autrefois les sangliers et les gazelles.

De toutes les ruines antiques du domaine des
Kadjars, en 1891, Suse est celle qui me produisit,
la plus grande impression, non seulement au point
de vue de l'étendue des ruines, mais encore par la
pensée des richesses historiques enfouies dans ces
montagnes artificielles.

Malgré les chaleurs accablantes je restai sept
jours à Suse, et j'étudiai le tell dans tous ses détails.

La butte de l'Acropole renferme à sa base des
instruments de pierre taillée. Au sommet je trouvais des fragments de poterie arabe; dans les niveaux intermédiaires se rencontraient des débris
que j'attribuais à l'époque élamite.

Ce tell renfermait donc à lui seul des vestiges
de tous les âges; c'est lui qu'on devrait attaquer
pour retrouver l'histoire perdue de l'Elam, et non
les buttes moins élevées qui l'entourent.

Notre Ministre à Téhéran, M. R. de Balloy,
m'ayant témoigné, au cours de mon long voyage,
la plus grande bienveillance, je lui confiai mes im-
pressions le priant d'user de son crédit auprès du
roi de Perse pour que Suse fût conservé à la France,
pour qu'un jour des Français fussent appelés à
l'honneur de restaurer l'histoire de ce grand
royaume d'Elam, l'un des plus anciens du monde.

Développement d'un cylindre en hématite (fouilles de Suse).

II

NÉGOCIATIONS DIPLOMATIQUES. — LES TRAITÉS. — CRÉATION DE LA DÉLÉGATION EN PERSE DU MINISTÈRE DE L'INSTRUCTION PUBLIQUE. — CHOIX DE SUSE. — ORGANISATION DE LA MISSION. — VOYAGE A TÉHÉRAN. ARRIVÉE A SUSE.

Notre habile ministre à Téhéran n'avait pas attendu mes ouvertures pour concevoir le projet d'assurer à notre pays le monopole des études archéologiques à Suse. Non seulement il avait songé à l'antique ville élamite, mais il étudiait déjà depuis longtemps les voies à suivre pour étendre ce privilège à toute la Susiane.

Le grand retentissement de la mission Dieulafoy dans les journaux de l'Europe avait eu son écho à Téhéran; M. de Balloy était bien renseigné et, de son côté, M. Xavier Charmes, directeur de nos missions scientifiques, encourageait notre ministre en Perse.

1.

Mes lettres de Suse furent le début d'une correspondance très suivie entre M. de Balloy et moi. Ces relations se continuèrent même alors que j'étais en Égypte, quand en 1894 j'appris par notre représentant lui-même que la convention venait d'être signée. Peu de temps après les Chambres françaises la ratifiaient.

Ce traité comblait les vœux que je faisais pour notre science archéologique, il les réalisait même au delà de mes espérances, car il ne s'agissait plus seulement de Suse ou de la Susiane, mais bien de toute l'étendue de l'empire persan, que Nassreddin-Châh concédait à la France au point de vue de l'exploitation archéologique.

Seul notre pays avait désormais le droit de pratiquer des fouilles dans le sol de l'Iran ; l'expression de « monopole » figurait à l'article premier de l'instrument diplomatique.

En Perse, tout le territoire est propriété royale, en sorte que cette concession s'étendait à tous les lieux antiques, sauf, comme de juste, à ceux que recouvrent des cimetières musulmans ou des édifices religieux.

La grande habileté de M. de Balloy, sa droiture, sa franchise avaient, depuis des années, attiré sur lui, je puis dire, l'amitié du monarque et de toute sa cour. A maintes reprises notre représentant avait été utile et agréable aux Persans. Le Roi lui témoignait sa satisfaction de son long séjour à Téhéran en dotant la France d'un des champs d'études les plus vastes qu'il soit.

Lequel des deux doit-on admirer le plus dans ces négociations, du Roi ou de l'ambassadeur? Le représentant de notre pays ménageait à sa patrie une source intarissable de documents scientifiques ; le Roi se montrait libéral envers les études archéologiques et en cela donnait un magnanime exemple qui, malheureusement, n'est guère suivi.

Désireux d'enrichir le Cabinet royal, Nassr-eddin-Châh s'était réservé la moitié des découvertes; il aimait les souvenirs des vieux temps de la Perse, les rassemblait dans son palais et prenait plaisir à les visiter.

En France, le Ministère de l'Instruction publique se préoccupait des moyens de mettre en valeur la concession qui nous était si gracieusement accordée; il me fit l'honneur de penser à moi et m'adressa en Égypte le texte de la convention, me demandant d'en discuter les termes et d'exprimer mon opinion sur les opérations à tenter dans ce vaste empire.

De tous les archéologues français j'étais peut-être le mieux en situation de répondre à de semblables questions; j'avais parcouru la Perse en tous sens pendant trois années, et, comme Directeur général des antiquités de l'Égypte, j'avais alors

entre les mains la plus considérable des adminis-
trations scientifiques qui fussent au monde.

Dans un mémoire très détaillé j'exposai au
Ministre de l'Instruction publique qu'à mon sens
les efforts devaient porter sur Suse.

Sans entrer ici dans tous les détails que je four-
nissais au Département auquel j'appartiens, je crois
utile de donner les principales raisons de mon choix.

Les régions les plus importantes de la Perse au
point de vue archéologique sont celles du Sud-
Ouest : le Kurdistan, le Louristan, la Susiane, les
gouvernements de Hamadan et de Chiráz, ainsi
que les montagnes qui séparent ces provinces du
Golfe Persique.

C'est là que furent les grands centres politiques,
qu'habitèrent les Souverains sassanides, parthes,
séleucides, achéménides, mèdes, élamites. C'est
dans ces montagnes et ces plateaux, dans ces
plaines basses, que s'élevèrent les plus grandes
villes de tout l'Iran, Ecbatane, Persépolis et Suse.

Les régions du Nord et de l'Orient, quoique
riches elles aussi en documents, ne renfermaient
que des villes de provinces. Les gens de l'Atropa-
tène, de l'Hyrcanie de la Carmanie et de tant
d'autres districts étaient, il est vrai, nominalement
soumis au Roi des Rois; ils lui fournissaient des
cohortes lors des grandes guerres, mais, en réalité,
leurs satrapes étaient souvent presque indépen-

dants, ils avaient une cour de roitelets, qu'ils étaient, et le centre du pouvoir restait ordinairement dans les pays situés entre le Tigre et Chirâz.

Ces observations sur la géographie antique du pays m'amenaient donc à rejeter tout le Nord et l'Orient du plateau; l'histoire elle-même me fournissait les éléments pour choisir un point seul dans l'immense pays désigné par les premières considérations.

Les Sassanides, les Parthes, les Séleucides, bien que très intéressants dans leur histoire, sont déjà fort connus par les écrits des Romains, des Grecs et des Arabes, par les chroniqueurs arméniens et syriens. Nous possédons la liste complète de leurs souverains, nous en connaissons les hauts faits; nous savons quels furent leurs usages et leurs arts. Entreprendre de fouiller les ruines de leurs villes eût simplement été chercher quelques détails inédits.

Pour les Achéménides, Hérodote, Ctésias, les textes de Bisoutoun et de Chirâz, les ruines de Persépolis et de Suse étudiées par Loftus et la mission Dieulafoy nous documentent suffisamment pour que nous ne devions pas nous attarder à rechercher des détails ou à vérifier les travaux de nos prédécesseurs.

D'ailleurs, l'intérêt que présente la période achéménide est secondaire. Nous ne nous trouvons plus en face d'un peuple aux conceptions originales, mais bien vis-à-vis d'architectes et d'artistes plagiant le grec, l'assyrien et l'égyptien, mélangeant avec fort peu de discernement les arts des peuples voisins pour en tirer des œuvres inférieures aux modèles.

Les textes en vieux perse présenteraient, il est vrai, un très grand intérêt parce qu'ils appartiennent au plus ancien type connu des langues indo-européennes. Mais ces textes sont si peu variés que leur recherche ne méritait pas une expédition spéciale.

Deux peuples restaient donc à envisager : les Mèdes et les Élamites, tous deux, je puis dire, inconnus.

Les successeurs de Darius avaient coutume d'écrire leurs inscriptions en trois langues, l'assyrien, le vieux perse, et un autre idiome qui pendant longtemps fut pris pour le mède et que dernièrement on reconnut être le néo-anzanite.

On ne connaît pas de textes médiques, peut-être même n'écrivait-on pas à la cour d'Ecbatane.

La recherche des Mèdes constituait donc un problème du plus haut intérêt; mais, à mon sens, elle ne devait jamais être qu'accessoire dans une grande expédition, car toutes les probabilités sont pour que les Mèdes n'aient jamais enregistré leur histoire.

En procédant ainsi par élimination, j'étais ame-

né à tourner les yeux vers l'Elam et la partie persane de la Chaldée, vers ces pays d'une antiquité
prodigieuse qui, politiquement, aujourd'hui font
partie de la Perse mais qui, géographiquement,
appartiennent à un tout autre monde.

Les ruines chaldéo-élamites sont très nombreuses dans le bas Louristan, dans le Poucht-è-
Kouh et sur les frontières de la Turquie.

Au Nord est Zohab, district couvert de vestiges
d'une antiquité très élevée. C'est là qu'*Anou Banini*
vainquit à la tête des *Louloubi* les gens du pays de
Batir, quelques milliers d'années avant notre ère.

Dans le Louristan et le Poucht-è-Kouh les ruines
sont également très nombreuses, ainsi que chez
les Baktyaris. Mais la configuration même du sol,
jointe à l'importance relative des buttes antiques,
permet de discerner que ces cités n'étaient en
réalité que des villes de province, qu'il sera très intéressant d'explorer un jour, mais accessoirement.

Reste la Susiane, couverte de tells dont le principal est celui de Suse, de cette capitale à laquelle
les Assyriens attachaient tant d'importance et dont
Assourbanipal a laissé une description si enga-
geante pour les fouilleurs.

L'examen qu'en septembre 1891 j'avais fait des
tells de Suse me permettait d'être certain que ces
buttes renfermaient les vestiges de toutes les
époques, depuis celle où l'homme taillant la pierre

avait construit en ce lieu un amas de huttes, jusqu'aux Khalifes arabes.

Je négligeai donc Zohab, et toutes les ruines d'importance secondaire du Louristan, du Poucht-è-Kouh et des Baktyaris et me prononçai de la façon la plus catégorique pour l'ouverture des travaux dans les ruines *élamites* de Suse.

Dans la vallée du Nil, j'avais acquis la conviction que les premières civilisations, à l'origine de l'empire égyptien, procédaient de la Chaldée et que les plaines de Mésopotamie avaient été, par suite, le berceau des progrès humains. Suse, par son antiquité très reculée, s'offrait pour résoudre le problème le plus vaste et le plus important de nos origines. Cette ville, à mon sens, avait appartenu à ce monde primitif qui avait vu la découverte de l'écriture, l'emploi des métaux, les débuts de l'art. Si le grand problème des origines devait un jour être résolu, c'est en Chaldée et spécialement à Suse qu'il fallait en chercher les éléments.

Le mémoire que je remis au Ministère prévoyait tous les détails de l'organisation du service des fouilles, il en fournissait les devis.

Au printemps de 1897 je venais de terminer mes secondes études sur les origines de l'Égypte par la découverte du tombeau royal de Négadah, quand je fus avisé de l'intention dans laquelle se trouvait le Ministère de l'Instruction publique de m'envoyer en Perse mettre en valeur les avantages qui nous étaient nouvellement concédés.

J'avais passé six années en Égypte et fait beaucoup pour ce pays. Après mes déblaiements de temples, mes découvertes de Dahchour et mes études sur les origines de la civilisation dans la vallée du Nil, je considérais ma tâche comme terminée, ou peu s'en faut. Mon poste était celui d'un linguiste ; je le remis volontiers à un Égyptologue plus apte que moi au classement des richesses de Ghizeh dans le nouveau Musée du Caire dont j'avais obtenu la construction et posé la première pierre.

La Perse et les Persans m'avaient laissé le plus agréable souvenir. J'étais heureux de retourner dans ces montagnes sauvages où chaque pas m'avait fait désirer de rester, dans ces immenses plaines où mon imagination avait fait revivre les villes, les canaux, les cultures ; j'avais visité l'Elam de l'antiquité et non les solitudes de nos jours ; j'avais vu au travers des buttes dorées de la Susiane toute cette civilisation, aujourd'hui complètement oubliée. J'étais curieux de faire partager mes sensations et de montrer à tous les vestiges de ces monuments que mon imagination avait cru contempler dans leur splendeur.

La proposition du Ministère me remplit de joie ; j'allais donc me trouver face à face avec ce sol vierge, avec ces mystères historiques. Ce n'étaient plus des rois ou des princesses que j'allais chercher à réveiller de l'oubli, mais bien des dynasties entières, des royaumes perdus dans la nuit des temps.

Je n'étais pas sans savoir que j'aurais à vaincre de grandes difficultés, à rencontrer même des dangers, malgré toute la sollicitude de nos représentants diplomatiques et le concours des autorités persanes ; que je changeais pour un poste de combat, une situation de vie facile et très en vue. Mais je n'hésitai pas ; le but était à la hauteur des sacrifices que je m'imposais.

Dès mon retour en France je me mis de suite à l'organisation de mon expédition. Mon premier soin fut de composer mon état major.

En première ligne je m'adjoignis un assyriologue éminent, le R. P. Scheil, professeur à l'école des Hautes Études. Savant hors de pair par l'habileté avec laquelle il manie les textes les plus compliqués, le P. Scheil était indispensable à mes travaux. Ses publications postérieures ont éloquemment prouvé que je ne me trompais pas en le choisissant pour collaborateur.

Il me fallait comme secrétaire de la Délégation quelqu'un connaissant la Perse ; je pensai à M. G. Lampre qui avait, pendant plusieurs années, habité Tauris et Téhéran. Son rôle fut particulièrement administratif et diplomatique, il s'en tira à son

éloge. Sa femme l'accompagna dans nos expéditions. J'aurai à revenir plus loin sur les services
incomparables qu'elle nous a rendus et nous rend
chaque jour. C'est elle qui, s'occupant de tous les
détails matériels de notre vie, nous donne la liberté
dont nous avons tant besoin pour nos travaux. Son
activité incroyable, sa connaissance des Persans et
de leur langue fait que je puis en toute confiance
me reposer sur elle des soucis de la maison.

M. G. Jéquier, égyptologue et archéologue bien
connu, membre de la mission français du Caire,
qui pendant tout mon séjour en Égypte avait col-
laboré à mes travaux, consentit à quitter les bords
du Nil pour m'accompagner en Asie.

M. J. E. Gautier, ancien membre de l'Institut
français d'archéologie orientale du Caire, connu
pour ses explorations et ses fouilles en Syrie et
en Égypte, fut aussi attaché à la Délégation.
M. Gautier avait déjà parcouru le Kurdistan et une
partie de la Perse.

Comme on le voit, tous mes attachés étaient non
seulement des spécialistes, mais ils avaient parcouru l'Orient, en parlaient les langues ; et je les
connaissais assez pour savoir de quelles ressources
ils m'apportaient l'appoint. Je pouvais compter
sur eux comme sur moi-même, leur confier des
missions délicates ; je savais qu'en présence du
danger ils feraient bonne contenance.

Deux surveillants européens furent choisis. Anciens soldats, habiles de leurs mains, jeunes et délurés ; l'un d'eux nous a quitté depuis, l'autre a malheureusement été enlevé par un accès de fièvre pernicieuse dont il avait jadis contracté le germe en Cochinchine.

Plus tard en 1898, un architecte, M. E. André, élève de l'école des Beaux-Arts dont j'avais en Égypte apprécié le talent, devait venir nous rejoindre.

Enfin en 1900 un jeune ingénieur, M. Louis Watelin, désireux de se lancer dans la carrière archéologique, fut attaché à la mission ; en peu de temps il s'est mis au courant du pays au point que pendant la campagne d'hiver 1901-1902, je l'ai choisi pour seconder M. Jéquier dans la direction des travaux à Suse.

Mon personnel supérieur se trouvant ainsi organisé dans les meilleures conditions, je songeai au matériel, question fort compliquée car il fallait tout prévoir, le pays ne fournissant rien, même pas le bois nécessaire à nos constructions.

Pour les travaux de fouilles j'emportai quinze wagons Decanville qui, l'année suivante, furent augmentés de 35 autres, plusieurs kilomètres de rails, des pelles, des pioches, des roues de brouettes, crics, câbles, cordes, une forge, un assortiment d'outils de charpentier et de menuisier, enfin tout ce qui est nécessaire pour l'organisation de vastes chantiers.

Notre matériel de campement, car avant d'avoir un abri nous devions vivre sous la tente, était au grand complet, tout était calculé pour de longs voyages et pour des transports par mules.

En vue de la construction d'une maison que je comptais placer sur le bord du Chaour, j'emportais des gonds, serrures, vitres et toutes les fournitures requises.

Le bureau était prévu avec ses stocks de papier, de calque, d'instruments de topographie, appareils photographiques, etc.

La pharmacie tenait une place importante dans mes préoccupations car, ne connaissant pas encore le fort et le faible de la santé de chacun, je devais être prêt à toute éventualité.

Environ 400 volumes spéciaux formaient notre bibliothèque. J'avais choisi les ouvrages avec soin afin que nous fussions à même d'avoir sur place des renseignements sur toutes les questions scientifiques ou pratiques qui vraisemblablement devaient se présenter.

L'histoire naturelle n'avait pas été négligée; je n'ignorais pas combien sont peu connus les pays que nous avions à parcourir et je voulais être en mesure de recueillir d'importantes collections.

Tout avait été prévu dans les moindres détails,

jusqu'à notre sécurité. Je savais il est vrai que notre légation à Téhéran et que les autorités persanes nous soutiendraient énergiquement, mais, avant tout, je comptais sur nous-mêmes et d'ailleurs bien m'en prit. Vingt carabines Weterli à répétition furent achetées à l'arsenal de Thun ainsi que 4.000 cartouches. L'Arabistan est trop voisin de la frontière turque pour que ces précautions ne fussent pas sans utilité.

En ajoutant à ce bagage déjà considérable quelques provisions de bouche, je rassemblai à Marseille tous mes colis qui partirent en octobre 1897 sur un steamer de l'Anglo Arabian C°, vaisseau sur lequel prenaient passage M. Jéquier, Mme Lampre et l'un de nos contre maîtres. Cette première expédition de bagages présentait pour nous une importance telle qu'il eût été imprudent de la faire voyager seule.

Accompagné de M. Lampre et de mon second contremaître, j'allais passer par le Nord et Téhéran ; il était inutile de faire prendre à toute la Délégation ce chemin long et pénible que moi-même je ne pouvais éviter.

Vers le milieu de septembre, tout étant réglé en France, nous prenions passage sur un vapeur de la Cie N. Paquet à destination de Batoum et au début du mois d'octobre nous arrivions à Téhéran où le Cte J. d'Arlot de Saint-Saud, notre Chargé d'Affaires, nous accueillait de la manière la plus gracieuse.

Depuis la signature de la Convention en 1894, les choses avaient bien changé dans la politique persane : le roi Nassr-ed-Din était tombé sous les coups d'un assassin et son fils Mosaffer-ed-Din était monté sur le trône ; l'ancien grand-vizir, homme d'une très grande valeur, s'était retiré à Koum et les nomades de tout l'empire étaient devenus fort remuants ; quelques provinces même, celles que nous avions à traverser pour nous rendre à Suse, étaient dans un état d'anarchie difficile à concevoir.

C'est ainsi qu'il en est toujours en Orient chaque fois que le pouvoir suprême passe d'une main dans une autre. Les populations turbulentes des montagnes croient pouvoir compter sur la faiblesse du nouveau gouvernement et se livrent à tous les désordres jusqu'au jour où les canons du nouveau roi ont rétabli la sécurité.

A Téhéran j'avais beaucoup à faire, car il ne suffisait pas d'avoir en poche une Convention liant deux gouvernements ; il fallait pour que les clauses de ce traité fussent exécutables, que le Roi donnât des ordres à ses gouverneurs ; c'est ce que le Cte d'Arlot et moi nous obtînmes sous forme d'un firman que S. M. Mosaffer-ed-Din nous octroya de fort bonne grâce.

Plus tard, en 1900, le Roi de Perse se trouvant

notre hôte et désirant témoigner à notre pays sa reconnaissance du gracieux accueil qu'il en avait reçu, modifia les termes du premier traité en signant une convention nouvelle par laquelle il accorde à la France la possession de toutes nos découvertes en Susiane, les clauses restant les mêmes pour ce qui concerne les provinces du Nord.

Dès que j'eus en main le firman royal donnant exécution au traité de 1894, je dus former ma caravane, acheter chevaux et mulets, monter ma maison de domestiques et prendre les provisions nécessaires.

Un secrétaire persan m'était nécessaire, je pris un général, hadji et séïd, espérant que son caractère de descendant du Prophète lui donnerait plus de poids dans mes relations avec les indigènes. Le Gouvernement persan, suivant en cela les stipulations du traité, m'adjoignit « un délégué intelligent et instruit, chargé de nous faire respecter et d'assurer notre sécurité ».

Hélas! mes deux Persans n'eurent guère de succès : le général hadji séïd était le plus remarquable ivrogne de l'Iran et l'Aniran et tous deux, le général et le délégué, cultivaient le *fouzouli* au point que j'ai dû me priver plus tard de leurs services.

Le *fouzouli* est en persan ce que nous appelons vulgairement en français la *carotte*, mais Dieu seul sait quelle longueur peut atteindre cette racine dans les pays orientaux.

Quant aux domestiques pris à Téhéran, c'était le plus beau ramassis de gredins; un seul, qui jadis avait été au service de M. et Mme Lampre à Tauris, nous fut fidèle. Pour les autres, il n'en arriva pas le quart à Suse.

Ainsi affublés d'un aussi bon personnel, nous quittions Téhéran le 3 novembre pour gagner la Susiane par Koum, Sultanabad, Bouroudjird et le Louristan.

Notre long séjour forcé à Téhéran nous avait conduits jusqu'au début de l'hiver, en sorte que, sur tout ce plateau dont l'altitude moyenne est de 1.300 mètres, il faisait extrêmement froid. Les montagnes loures étaient couvertes de neige, ce qui nous obligea à de fréquents détours.

Tout alla bien jusqu'à Khorremâbâd, mais là nous fûmes arrêtés net; la route entre cette ville et Dizfoul était coupée par les Segvends, les Baïranvends et autres tribus nomades révoltées.

Les bruits les plus fâcheux couraient sur la situation de l'Arabistan : le pays, disait-on, était en proie aux nomades et les agents du gouvernement, impuissants à faire la police, n'osaient pas sortir des villes.

De Korremâbâd à Dizfoul on compte huit jours de route, mais force nous fut de nous diriger à l'ouest par le Louristan et le Poucht-è-Kouh, ce qui nous prit plus de quinze jours.

Le Vahli du Poucht-è-Kouh, Hussein-Kouli-Khan était un de mes anciens amis. Je résolus de traverser son territoire pour me rendre en Susiane. J'apportais, d'ailleurs, à ce puissant chef les palmes en diamants d'officier de l'Instruction Publique, pensant, à juste titre, qu'un jour peut-être ses terres seraient les seules par lesquelles il nous serait possible de passer. J'attachais beaucoup de prix à son amitié.

Quant à la route directe du Louristan, en cinq ans je n'ai pas été à même de la prendre une seule fois, elle est toujours coupée; je l'avais parcourue jadis en 1891.

Escortés de 70 soldats sous les ordres d'un colonel, nous quittons Khorremâbâd; le temps est devenu moins froid, mais il tombe des pluies diluviennes. Enfin, après bien des soucis, nous arrivons dans une large vallée, sur les confins de la Mésopotamie, à proximité de la Susiane. Il ne nous restait plus qu'une quinzaine d'hommes d'escorte, les autres ayant jugé à propos de se retirer dans leurs foyers, entraînant avec eux leur colonel.

Là une autre surprise nous attendait. Voilà les chefs segvends qui nous barrent la route et veulent nous rançonner.

J'avais très bien compris leurs intentions, mais feignant d'être dans l'erreur, je m'avance à leur rencontre et les remercie de l'honneur qu'ils me font en venant, suivant l'usage de la politesse orientale, au-devant de moi pour me saluer et m'accompagner.

Mon petit discours produit un effet comique ; ils se regardent stupéfaits et indécis, nous accompagnent en réalité. Mais peu, à peu, ils reprennent leur aplomb et réclament un droit de passage. Nos cavaliers s'étaient dispersés en fourrageurs autour de ma caravane, en sorte que les Segvends ne se sentaient pas en nombre pour tenter un coup de main. Ils nous quittent, nous sommant de payer 300 tomans (1500 francs) et une jument. Sur mon refus catégorique, ils nous déclarent la guerre et vont chercher des renforts.

Ma caravane se réunit plus serrée et nous continuons notre marche jusqu'à minuit, heure à laquelle nous arrivons sur les bords de la Kerkha. Mes cavaliers avaient si bien gardé nos flancs et nos derrières que les nomades n'avaient rien osé.

Enfin le matin, de bonne heure, nous traversions le fleuve et après être sortis de la vallée, nous apercevions au loin les tells de Suse ; le temps était gris, sombre, mais une éclaircie laissant tomber un rayon lumineux sur notre terre promise, en faisait le point le plus brillant de l'horizon, heureux présage qui devait se réaliser par de belles découvertes.

Avant que de gagner Suse, il me fallait aller à

Dizfoul communiquer au gouverneur les ordres royaux, en sorte que je n'arrivai sur le tell que le 16 décembre.

A Dizfoul, M. Lampre m'avait quitté avec une partie de mon personnel ; il se rendait à Nasseri-Ahwaz pour attendre l'arrivée de sa femme, de M. Jéquier et de tous nos bagages ; je n'avais donc avec moi à Suse que mon contremaître et le général ivrogne...

Certes, le camp que j'avais planté sur l'Acropole ne pouvait guère donner aux nomades l'idée d'une grande mission ; trois tentes blanches de 4 mètres de surface chacune, et une tente de crin pour mes domestiques.

Bien que n'ayant pas encore d'outils européens, j'avais fait venir de Dizfoul une centaine d'ouvriers que je mis de suite à faire des sondages.

Les premiers jours, tout fut calme ; mais peu à peu les rôdeurs s'approchèrent de notre camp, la nuit, pour enlever des chevaux ou des mulets. Quelques coups de feu les éloignèrent. C'était le début de ces attaques qui devaient durer tout l'hiver et amener la mort de bien des outlaws de la frontière.

La pluie ne nous quittait pas, et, si elle ne gênait pas les voleurs, elle entravait nos travaux ; nos tentes, notre petit bagage, tout était trempé, et la nuit il fallait sortir pour faire le coup de feu. Malheureusement M. Lampre tardait à revenir, nous nous trouvions sans provisions et, qui pis est, sans cartouches.

Je commençais à craindre sérieusement pour notre camp, quand un matin deux mulets m'apportèrent, avec une lettre de mes voyageurs, dix carabines, mille cartouches et une caisse de 12 bouteilles de whisky. C'était le salut, car nous n'avions plus de munitions que pour un fusil de chasse à piston et pour nos revolvers.

Ce séjour sur le tell me permit d'étudier l'état du pays et les précautions que je devais prendre pour notre installation définitive. Je renonçais à construire une maison sur la rive du Chaour (elle eût été dominée de partout), et je choisissais la pointe septentrionale du tell de l'Acropole pour y établir une véritable forteresse capable de résister à toutes les attaques des bandes armées seulement de fusils, et assez grande pour abriter gens, matériel et découvertes.

Le 1er janvier 1898, je mis la majeure partie de mes ouvriers à creuser les fondations du château.

Mes chantiers de sondages n'étaient pas pour cela délaissés; les nomades, attirés par la paie régulière de chaque jour, venaient en foule m'offrir leurs services et j'avais fait ouvrir par un puisatier, amené spécialement à cet effet de Bouroudjird, une galerie de mine dans les flancs de l'Acropole afin d'en vérifier la nature avant de commencer les grands travaux à ciel ouvert.

Si la paie quotidienne avait ses avantages en attirant les ouvriers, elle avait aussi ses inconvénients ; les maraudeurs en tiraient la certitude que j'avais dans mes petites tentes de fortes sommes et les attaques n'en furent que plus fréquentes. On brûla beaucoup de cartouches, par des nuits noires, sans grands résultats. Mais la situation, quoique pénible, était devenue supportable, car j'avais de quoi me défendre. Si les nomades s'étaient rendu compte de ma faiblesse, nous aurions certainement été enlevés. Je comptais sur notre prestige d'Européens et sur la lâcheté naturelle de ces brigands incapables d'un coup d'audace.

Bouton d'or incrusté de lapis-lazuli, de turquoise et de cornaline. Tombe achéménide de Suse. — IVe siècle av. J.-C. (Dessin de l'auteur, gr. nat.)

III

L'ORGANISATION DES TRAVAUX. — LA MAIN D'ŒUVRE

Le 4 janvier, enfin, arrivent M. et Mme Lampre, M. Jéquier, mon second contremaître, une foule de bagages, de provisions, de munitions. C'est l'abondance, la sécurité. A peine sommes-nous réunis que nous parlons tous à la fois; chacun veut dire ce qui lui est arrivé, la gaieté est revenue dans mon petit camp qui s'agrandit, s'augmente d'un grand nombre de tentes, de huttes de paille pour les ouvriers. Nous avons éprouvé bien des soucis, mais enfin nous voici au complet. Munis de tout le nécessaire, les travaux commencent méthodiques tant aux fouilles qu'à la construction du château.

Moins mauvais architecte que mes attachés, je réserve pour moi les constructions tout en dirigeant les fouilles. MM. Jéquier et Lampre reçoivent la surveillance des tranchées avec les deux contre-maîtres ; Mme Lampre est nommée Ministre de l'intérieur, je place sous ses ordres tout ce qui n'est pas technique ou scientifique. Le Ministère de la Guerre échoit à mon général ivrogne ; une douzaine de soldats nous sont arrivés de Dizfoul, mais ils ne semblent pas devoir rendre grands services.

Le délégué persan, à la fois prince et docteur, s'installe dans ses tentes et n'en sort guère ; il se crée une clientèle chez les nomades qui paient ses consultations en moutons, poulets, farine. Bref, chacun prend sa spécialité au sérieux et tout s'arrange le mieux du monde.

L'organisation des travaux était depuis long-temps faite dans mon esprit, les chantiers devaient être pendant la première campagne de quatre genres différents : de deux sortes au tell de l'Acropole et de deux dans la Ville royale.

A l'Acropole, j'examinais les diverses couches du tell à l'aide de cinq galeries de mines, la plus basse étant à la cote de 25 mètres au-dessous du sommet du tell, la dernière à 9 mètres seulement.

Une longue tranchée devait être ouverte sensiblement d'Est en Ouest, pour couper la colline dans sa plus grande largeur ; mais cette tranchée, qui devait être le début de travaux beaucoup plus considérables, ne pouvait être ouverte qu'alors que j'aurais mon matériel de chemin de fer, que j'attendais toujours, tant le transport en était difficile entre le port de Nasseri-Ahwaz et Suse.

Dans la Ville royale, de longues et profondes tranchées devaient me renseigner sur la nature des couches, sur l'épaisseur des débris postérieurs à l'époque élamite.

A l'Apadana, je faisais exécuter par M. Jéquier tout un réseau de tranchées fournissant des coupes du monument ou plutôt du sol sur lequel le palais avait été construit; mon collaborateur devait rechercher les vestiges des murailles de terre crue, les portes et enfin les restes des ornementations polychromes.

De tous ces travaux, le seul vraiment important était l'attaque de l'Acropole à ciel ouvert, les autres n'avaient pour but que de préparer l'ouverture des grands chantiers. A l'Apadana, il ne s'agissait que de vérifications qui m'avaient été demandées.

Mes wagons arrivèrent au moment où les galeries de mines avaient déjà fourni les renseignements que j'attendais d'elles. A la base du tell sont d'épaisses couches préhistoriques, c'est-à-dire renfermant, avec des fragments de vases peints, des silex travaillés.

Jusqu'à 12 mètres environ au-dessous du sommet du tell, les silex taillés abondent, mais la poterie change d'aspect suivant les niveaux et montre des civilisations successives. Les couches supérieures sont franchement historiques, elles descendent même beaucoup plus bas. Mais les travaux souterrains ne permirent pas de s'en rendre exactement compte.

Dès lors il devint évident pour moi que le tell de l'Acropole devait être exploité en entier, avec beaucoup de méthode, afin d'obtenir le meilleur rendement possible de la main d'œuvre.

Les tranchées dans la partie méridionale et centrale de la Ville royale m'apprirent que le niveau achéménide occupe une grande épaisseur, supérieure parfois à dix mètres ; nulle part je n'atteignis le niveau élamite. Je renonçai donc à ces sortes de travaux comme devant entraîner l'enlèvement d'un cube trop considérable de stérile, et je concentrai tous mes efforts sur l'Acropole.

Je divisai le tell sur place en deux parties par un axe le coupant suivant sa longueur ; les tranchées devaient être menées normalement à cet axe avec déversement des déblais sur les deux faces longues du tell.

A droite et à gauche de l'axe je traçai sur le papier une série de lignes distantes de cinq en cinq mètres ; ces bandes correspondaient aux tranchées à effectuer.

Dans le sens vertical, j'établis aussi des niveaux de cinq en cinq mètres afin de ne pas laisser au terrain de chances d'éboulement par une trop grande hauteur des parois verticales.

Le tell de Suse se trouvait donc ainsi décomposé en une série très nombreuse de prismes ayant 25 mètres carrés de base et une longueur variant suivant la distance de l'axe principal au bord du tell. Ces prismes étaient les divisions de mon travail.

Les fouilles auraient été menées avec la régularité prévue si la main d'œuvre elle-même avait été régulière; mais il s'en fallut de beaucoup et fréquemment, pour employer un surplus de bras, je dus ouvrir des chantiers sans wagons sur les pentes du tell, coupant avec régularité jusqu'au niveau de 5 mètres.

Ces travaux ne portaient préjudice qu'à la régularité de mes plans de fouilles; ils me permettaient de mettre parfois jusqu'à 1.200 ouvriers aux chantiers et d'accroître considérablement le cube mensuel d'exploitation.

Dans ces tranchées secondaires, les terres sont portées à dos d'hommes dans des paniers nommés couffes. C'est la méthode usitée dans tout l'Orient, les ouvriers refusant obstinément de faire usage de la brouette.

Les wagons ne travaillent, à Suse, que dans les tranchées prismatiques; les voies droites se courbent à la sortie des travaux pour épouser la forme naturelle du tell et offrir la longueur nécessaire pour le versement des déblais.

Une première tranchée ayant été creusée à 5 mètres de profondeur, j'en fis faire deux autres à droite et à gauche, afin de donner 15 mètres de largeur à l'ensemble de mes travaux ; sur ces 15 mètres, la partie centrale fut portée à 10 mètres de profondeur et ainsi de suite, de telle sorte que, pour

Fouilles dans l'Acropole de Suse. Les tranchées en janvier 1898.

une profondeur maxima de 20 mètres, il m'est nécessaire d'avoir 15 mètres de largeur au niveau de 15 mètres, 25 mètres de largeur à celui de 10 mètres, et 30 mètres de largeur au niveau de 5 mètres.

Cette disposition en gradins me permet de travailler à tous les niveaux à la fois et d'augmenter la profondeur maxima.

Le déversement des déblais ne présentait au-

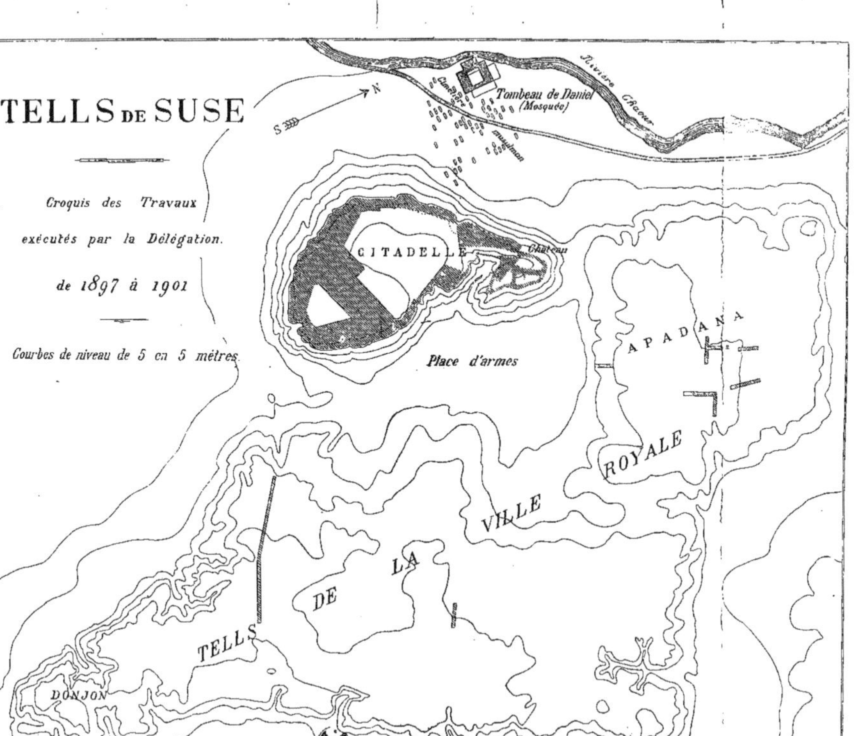

NOTA. — Les parties en hachures indiquent les surfaces occupées par les fouilles de la Délégation.

d'une difficulté jusqu'au niveau de 10 mètres. Mais, au-dessous, je me trouvais dans l'obligation de remanier mes premiers déblais pour donner aux voies la pente nécessaire pour les wagons en charge.

J'adoptai alors une disposition me dispensant de ces frais inutiles; une série de portes largement ouvertes fut ménagée sur les bords du tell en face d'un nombre déterminé de chantiers et le reste des déblais fut soutenu par un massif de protection ménagé dans les terres vierges du tell.

Lorsque les travaux dans l'Acropole seront terminés, le terrain prendra l'aspect d'une vaste cuvette entourée d'un anneau de déblais percé lui-même d'une demi douzaine de larges échancrures.

Les constructions mises au jour par nos tranchées sont de suite relevées suivant de longues bandes et par niveaux; ces bandes, placées les unes à côté des autres, nous fournissent les plans d'ensemble pour chaque étage.

Après que toutes les constructions ont été relevées, elles sont détruites; nous recueillons ainsi un grand nombre de textes gravés sur les briques. Les tranchées conservent une régularité nécessaire à la bonne conduite des fouilles et à la surveillance des recherches clandestines.

Les largeurs théoriques d'ouverture aux différents niveaux telles que je viens de les indiquer pour une profondeur de 20 mètres, ne sont pas ab-

solument conformes à la réalité, car, fréquemment,
nous avons intérêt à prendre de tel ou tel niveau
une surface plus considérable ; l'ensemble du travail n'en est pas affecté et nous y trouvons l'avan-
tage de dégagements plus amples.

Cinquante wagons roulent, en ce moment, sur

Fouilles dans l'Acropole de Suse : les tranchées en décembre 1898.

l'Acropole de Suse ; chacun d'eux contient 300 litres
de terre ; les pierres et les briques sont mises à
part comme matériaux pour nos constructions.

En général, une tranchée comporte 10 wagons
dont chacun est, le plus souvent, servi par sept
hommes, dont un rouleur. Employer plus de voitures sur une même ligne serait s'exposer à des
retards ou à des encombrements.

Le déchargement occupe deux hommes par
chantier de dix wagons.

Peut-être semblera-t-il intéressant de trouver ici l'établissement du prix de revient d'un semblable chantier ; je ne puis en donner qu'une moyenne, car souvent il varie par suite des pertes de temps résultant des découvertes, ou des constructions que l'on rencontre, les murailles devant être soi-

Fouilles dans l'Acropole de Suse : les tranchées en mai 1898 ; sur le premier plan est la stèle triomphale de Naram-Sin.

gneusement dégagées avant d'être démolies. Quoi qu'il en soit, l'exposé qui suit peut être considéré comme l'expression de la vérité dans la majeure partie des cas.

Un atelier, pour une tranchée de 80 mètres de longueur, 5 mètres de largeur et 5 mètres de profondeur, comporte 10 wagonnets et doit être servi par le personnel dont le tableau suit :

		krans
60 ouvriers dont 20 piocheurs et 40 pelleurs	.	60
10 rouleurs.	.	10
2 déchargeurs	.	2
2 chefs de chantiers	.	4
1 surveillant indigène	.	2
Surveillance européenne . . (pour mémoire)		
Graissage des wagons	.	1
Usure du matériel . . . . (pour mémoire)		
Total. . . .		79 kr.

Soit 39 fr. 50 de notre monnaie.

Un tel chantier enlève dans sa journée environ 40 mètres cubes.

Pour les travaux au panier (couffe), le compte diffère quelque peu ; il est, d'ailleurs, variable suivant la dureté du sol attaqué et aussi suivant la distance de transport des déblais.

Considérons un atelier moyen de 50 hommes.

		krans
10 piocheurs	.	10
20 pelleurs	.	20
20 porteurs	.	20
1 chef de chantier	.	2
1/2 surveillant indigène	.	1
Surveillance européenne . . (pour mémoire)		
Total. . . .		53 kr.

Soit 26 fr. 50 de notre monnaie, représentant un cube moyen enlevé de 15 à 18 mètres seulement.

Il convient d'ajouter à ces divers ateliers le porteur d'eau qui distribue à boire aux ouvriers.

La surveillance indigène et les faux frais revien-
nent à environ 10 0/0 du travail effectif, en sorte
qu'une paie de 800 travailleurs est d'environ 880
krans soit 420 francs de notre monnaie.

Après avoir expliqué la composition des divers
genres de chantiers, il est nécessaire que je parle
des ouvriers eux-mêmes, de leur mode de recrutement et de leur vie.

La population de la Susiane est fort clairsemée;
aucun recensement n'en a été fait, mais je serais
très surpris qu'elle excédât, les villes comprises,
5 têtes par kilomètre carré.

Elle se compose en majeure partie d'Arabes
nomades. Quelques Lours venus du Poucht-è-Kouh
se sont, il est vrai, établis à proximité de Suse ; ils
vivent sous l'autorité d'un chef nommé Kérim-Khan,
chargé par le gouvernement persan de la garde de
la frontière, garde absolument illusoire, d'ailleurs.

Les villes, Dizfoul et Chouster, renferment une
population métis d'Iraniens et d'Arabes.

Les Arabes voisins de Suse sont divisés en tribus de quelques milliers de têtes ; ils subsistent de
leurs pauvres cultures et de leurs maigres troupeaux.

Lours et Arabes vivent sous la tente ; leurs villages se déplacent fréquemment. A l'ouverture an-
nuelle de nos travaux, ils se rapprochent de Suse
et s'en tiennent à quelques kilomètres.

En dehors de ces habitants, nous avons presque chaque hiver affaire aux tribus Segvends, Lours généralement cantonnés dans les montagnes situées au sud de Khorremâbâd qui, l'hiver, descendant en intrus avec leurs troupeaux, pillent et dévastent, grâce à l'appui de leurs nombreux fusils, les cultures de la plaine.

Fouilles à l'Acropole : muraille élamite en briques cuites.

La Susiane n'est habitable, pour des Européens, que du 1ᵉʳ novembre environ au 15 mai; pendant le reste de l'année le pays est brûlé par un soleil de feu et j'ai vu le thermomètre marquer à l'ombre jusqu'à 57°,5.

Les ouvriers, généralement occupés par leurs

cultures, ne sont libres que du 20 novembre environ jusqu'au 1er mai, en sorte que nous ne pouvons travailler à Suse que 160 jours par an, sur lesquels il est nécessaire de défalquer 15 jours environ pour les pluies et les fêtes. En dehors de ces exceptions, le travail ne chôme jamais, ni le dimanche ni le vendredi, jour de la prière musulmane.

Chaque année, dès notre retour à Suse, je fais de suite poser le chemin de fer par quelques ouvriers de Dizfoul qui, apprenant notre arrivée, sont venus en même temps que nous. J'avertis, en même temps, les divers chefs des tribus leur indiquant le nombre d'hommes qui doit m'être fourni par chacun. Voici un tableau de ce genre :

Lours de Kerim Khan	150
Arabes de Cheikh Haïder	150
— Cheikh Seïd Taher	150
— Cheikh Moutleb	100
— divers (venus d'eux-mêmes)	50
Dizfoulis	100
Total	700

Chaque chef de tribu choisit, pour un nombre d'ouvriers variant entre 40 et 60 hommes, un chef de chantier responsable du recrutement et du travail de ses gens. Ce chef de chantier est généralement l'un des parents du chef de tribu ; nous le payons. C'est lui qui renvoie les vieillards et les enfants, qui change les mauvais ouvriers et qui toute la journée crie à ses hommes : *yallah! yallah!* pour les encourager.

Le chef de la tribu prélève sur la paie de ses hommes un jour sur sept; le chef de chantier prend un jour sur quinze, en sorte que l'ouvrier ne touche que 11/14 de sa paie. J'ai tenté bien des fois de mofier cette manière de faire, mais elle est à tel point passée dans les usages du pays que j'ai dû renoncer à faire comprendre aux ouvriers eux-mêmes que l'argent appartient à qui le gagne. Mes 700 hommes prévus par le petit tableau qui précède ne sont pas tous exacts au jour désigné pour l'ouverture des travaux, mais après une semaine au plus, il me vient tant de monde que je suis forcé d'en refuser.

Le matin, de bonne heure, les ouvriers par groupes, chefs de chantiers en tête, quittent leurs tentes et vers 7 heures arrivent à Suse ; à midi ils se reposent une heure environ et le soir à 5 heures la cloche sonne la cessation du travail. Les wagons demi-pleins sont alors abandonnés pour être retrouvés le lendemain; les outils sont rendus au magasinier et chaque groupe d'ouvriers vient se placer sur le tell ; la paie est faite en un quart d'heure et chacun s'en va chez soi.

Peu avant la paie, les objets découverts sont récoltés et portés au château ; de petits cadeaux de quelques sous encouragent les chantiers qui ont eu du succès.

Les grandes découvertes telles que celles de la stèle de Naramsin, de l'obélisque de Manichtousou sont plus avantageuses pour les ouvriers ; généralement, ces jours là, je double la paie de tout le chantier qui a fait la découverte.

C'est ainsi que chaque année s'organise le travail. Je ne décrirai pas en détail nos diverses campagnes de fouilles au point de vue technique, elles

Suse : les ouvriers attendant leur salaire quotidien.

se ressemblent toutes et ne sont intéressantes que par leurs résultats.

Château de Suse : vue prise du Nord.

IV

LE CHATEAU. — SA RAISON D'ÊTRE. — SA CONSTRUCTION.
— DIFFICULTÉS AVEC LES INDIGÈNES. — GUERRES
ENTRE TRIBUS.

Les questions principales, celles des travaux, se trouvant réglées, il restait à mettre à l'abri nos personnes, notre matériel et nos découvertes. Chaque jour nous apportait des difficultés nouvelles sur lesquelles j'aurai, d'ailleurs, l'occasion de revenir. Il devenait de plus en plus utile de construire une demeure fortifiée et d'achever le travail avant les grandes chaleurs de l'été.

J'avais prévu ce cas et fait insérer dans le firman de novembre 1897 un article m'autorisant à construire toutes maisons d'habitation ou magasins que je jugerais nécessaires à notre entreprise.

Les habitations, je l'ai dit, devaient, par la force même des choses, se transformer en forteresses et j'avais, contre mon gré, choisi pour établir le château la pointe septentrionale de l'Acropole; une faible partie du tell allait ainsi être soustraite à nos études; mais je ne pouvais faire autrement.

Cette position commande tous les monticules de Suse, les gués principaux du Chaour, nos tranchées; elle permet de voir au loin dans la plaine et présente tous les avantages requis pour la défense.

Dès le 1er janvier 1898 j'avais fait commencer les tranchées destinées aux fondations de mes murs. Afin de donner plus de hauteur aux remparts, les flancs de la colline furent taillés à pic en sorte que le sol de nos appartements, tout en se trouvant au niveau primitif du terrain, est à 10 mètres environ au-dessus du pied des murailles.

Le château fut divisé en deux parties : l'une, la cour basse où se trouvent les magasins, les écuries, corps de garde et logements des domestiques; l'autre, le Qal'a (château) proprement dit où vivent les Européens.

La muraille qui sépare le Qal'a de la cour basse ne présente pas moins de 15 mètres de hauteur, en sorte qu'alors même que les communs seraient pris il serait encore possible de se défendre dans la partie haute du château.

Un chemin contournant le tell conduit à la grande porte, tandis qu'une poterne permet de se rendre directement aux chantiers. Ces deux voies d'accès sont commandées par les murs du château.

Ces ouvrages flanqués de tours et de bastions

Château de Suse : la poterne des travaux et la voie ferrée reliant le Qal'a aux tranchées de l'Acropole.

permettent de tirer en tous sens; l'approche du château est rendue impraticable.

Bien que les fenêtres soient fort élevées au-dessus du pied des murs, j'ai dû les faire toutes donner sur la cour intérieure, ne laissant au dehors que de simples lucarnes grillées éclairant les couloirs qui desservent les diverses pièces.

Les terrasses, dallées en briques, sont bordées

de parapets crénelés; quelques tours plus hautes
que l'ensemble de l'édifice servent au guet; l'une
d'elles porte le mât où flottent nos trois couleurs.

La hauteur déjà fort respectable des murailles
est augmentée encore pour la vue, car j'ai pris le
soin de construire les crénaux d'autant plus petits
et de percer les lucarnes d'autant plus réduites
que la hauteur des tours était plus grande; il en
résulte une impression très favorable aux dimensions du Qal'a. Cette supercherie a pleinement
réussi, si j'en crois les fables qui jusqu'à Bagdad
circulent chez les nomades.

Dans le tracé du plan, je me suis contenté de
suivre la forme des reliefs naturels et d'en tirer
utilité quand ce m'était possible, suivant en cela
l'exemple des architectes de nos châteaux-forts du
moyen âge; et je n'ai pas eu à me plaindre de cette
manière de faire, car notre habitation n'a vraiment
pas mauvaise allure et est bien appropriée à nos
besoins.

Faire des projets et des plans était peu de chose,
mais quand vint l'exécution, ce fut plus com-
pliqué. Je n'avais d'autres matériaux que l'argile
de la plaine et quelques briques fournies par les
fouilles.

Les grosses murailles durent être faites en
terre crue, aussi leur donnai-je deux mètres au
moins d'épaisseur à la base; j'atteignis ainsi le

niveau du sol de nos cours. Dès lors, la bâtisse se fit en briques crues jointes au mortier d'argile, et en fragments de briques antiques servant uniquement aux revêtements.

Pour les dallages de l'intérieur et des terrasses il fut nécessaire de cuire des briques; puis de faire de la chaux, pour les conduites d'eau, et du plâtre

Construction du château de Suse : les voûtes des magasins; dans le lointain, le camp de la Délégation.

pour les enduits intérieurs; je construisis trois fours à cet effet.

Le bois de construction faisant absolument défaut dans l'Arabistan, toutes les chambres furent voûtées. Quant aux portes et aux fenêtres, elles furent fabriquées par nous-mêmes avec des bois achetés à Basorah et venant de Java. J'avais apporté de France les ferrures et les vitres.

Les cheminées, presque à l'européenne et ne fumant pas, furent l'œuvre de mes propres mains ; quelques-unes, copiées sur les miennes par les maçons persans, durent être reprises dans la suite.

Le mobilier était chose grave, nous n'avions que nos ustensiles de campement, mais les vieilles caisses et les bois de Java en firent les frais. Chacun

Construction du château de Suse : la cour pendant les travaux.

fabriqua les armoires de sa chambre, sa toilette, sa table. M. Jéquier passa huit jours à construire la bibliothèque et à meubler notre salon-bureau.

Lors de ces organisations, vers la fin du mois de mai et le commencement de juin, il faisait une chaleur torride et, cependant, il fallait que tout fut à peu près en ordre avant notre départ.

Dans les villes du nord de la Perse on trouve

assez aisément des ouvriers passables; mais, en
Arabistan, il n'y a aucune ressource, sauf quelques
mauvais hacheurs de bois et des maçons moins
expérimentés que le plus jeune des gâcheurs de
mortier de nos villages. Force nous fut donc de
travailler nous-mêmes et nous le fîmes avec entrain
et gaîté; mais aucune des personnes qui depuis a

Terrasses du château de Suse : le pavillon est en berne à l'occasion de
la mort de M. le Président Félix Faure.

visité Suse n'a pu se faire idée des efforts person-
nels que nous avons dû fournir pour achever notre
Qal'a.

En cinq mois et demi à partir de l'ouverture des
tranchées de fondations, le château fut debout : des
centaines d'hommes y avaient été journellement employés, environ quarante maçons, et quels maçons!

Cent et quelques ânes apportaient l'argile ou les briques, mes propres mulets faisaient le transport de l'eau ; bref, le Qal'a était une fourmilière, tandis qu'au pied du tell fumaient les trois fours, que le sol était couvert de briques sèchant au soleil et que, plus loin, sur l'Acropole et à l'Apadana, des nuages de poussière indiquaient la place où se creusaient nos tranchées. Je suis bien certain que depuis les Achéménides, Suse n'avait jamais vu semblable activité.

Les bruits les plus étranges circulèrent, de suite, sur notre compte dans les tentes des nomades ; ils grossirent en atteignant les villes et parvinrent à Téhéran, d'où les échos me revinrent.

J'avais, tout bonnement, fait le projet de m'emparer du pays et de devenir roi de Suse. Mon château-fort pouvait abriter cinq ou six mille hommes, mes écuries étaient bâties pour 3.000 chevaux ; j'avais découvert des trônes d'or, des statues d'or massif hautes de six coudées ; mille chameaux chargés de trésors avaient été envoyés par moi à la côte. On dut bien rire dans l'entourage du vrai roi de Suse, en apprenant d'aussi fâcheuses nouvelles.

J'ai dû décrire les travaux, tant aux fouilles qu'au château, avant de relater les principaux incidents de notre vie pendant ce premier hiver ; le lecteur ne se serait pas rendu compte de la multiplicité de nos occupations si j'avais renvoyé au cours du récit les deux questions principales.

L'hiver tout entier se passa sous la tente. Ce n'est, en effet, que le 1ᵉʳ mai que nous sommes entrés dans quelques chambres achevées du château.

Notre camp se trouvait situé sur le tell de l'Acropole même, entre les tranchées et le futur Qal'a. Ainsi, je pouvais exercer sur tous mes travaux une surveillance incessante.

Ce camp se composait d'une trentaine de tentes, européennes ou indigènes, abritant nos personnes et tout ce que nous possédions; des huttes d'herbes sèches avaient été construites par nos ouvriers lours de Kérim-Khan; d'autres, avaient creusé de véritables terriers dans les parois verticales d'une ancienne tranchée de M. Dieulafoy. Les Dizfoulis demeuraient dans les chambres annexées au tombeau du prophète Daniel; nos chevaux et nos mulets étaient attachés au milieu de l'espace laissé entre les tentes du camp.

Une semblable accumulation de bagages, insolite pour le pays, n'était pas sans exciter les convoitises. Déjà, au début de mon séjour à Suse, j'avais dû chasser les maraudeurs par des coups de feu. Mais le vol s'organisa; une bande nombreuse se répandît autour de Suse, couchant le soir dans les tribus arabes, dont les chefs tenaient lieu de receleurs.

Nos ouvriers arabes n'étaient pas sans connaître les voleurs et leurs intentions, mais ils se gardaient bien de nous prévenir; ils vivaient, il est vrai, de notre argent, mais leur sens moral n'allait pas jusqu'à nous en savoir gré; bien au contraire, tous les Arabes nos voisins, rampants quand ils avaient besoin de nous, s'exprimaient entre eux sur notre compte en termes peu aimables et protégaient cette bande de *braves* qui venaient de Turquie pour voler ces chiens de chrétiens nouvellement arrivés dans le pays.

Il est inutile de compter de la part de ces populations sur le moindre sentiment généreux ou reconnaissant; elles nous haïssent tous, quoi qu'en puissent dire leurs administrateurs mal renseignés; leur faisons-nous du bien, nous ne sommes que les instruments irresponsables de la volonté divine.

Vingt années de séjour en Orient m'ont permis d'apprécier à leur juste valeur les divers éléments de la population, et, certainement, je n'ai jamais rencontré gens plus vils que les Arabes; je continue cependant à les traiter avec bonté et à les soigner lorsqu'ils sont malades, ne serait-ce que pour ma satisfaction personnelle.

Le chef des brigands était un certain Dakhein de la tribu des Beni-Lams, nommades cantonnés entre la Kerkha et le Tigre sur la frontière; sa troupe renfermait toute la canaille du pays.

Chaque nuit, par les temps sombres, ces gens s'approchaient du camp dès le tombée du jour et nous tenaient éveillés jusqu'au matin. Le plus souvent, ce n'étaient que des tentatives de vol; mais fréquemment aussi, c'étaient des attaques plus sérieuses, destinées à nous donner le change pendant que d'autres voleurs opéraient sur le côté opposé à l'attaque. Une nuit, on nous enleva trois mulets et un cheval.

Dès dix heures du soir les brigands se répandaient dans les tranchées anciennes, dans les ravins et les broussailles; ils attendaient le moment favorable et correspondaient entre eux en imitant le cri des chacals; nous-mêmes nous discernions très bien les vrais chacals des faux et de suite nous étions en éveil.

Le gouvernement de Téhéran sur la demande de notre Chargé d'Affaires envoya au gouverneur de l'Arabistan des ordres formels de nous protéger par tous les moyens; mais ce gouverneur, qui d'ailleurs depuis fut mis à pied, profitant de la grande distance qui le séparait de la capitale, des interruptions des lignes télégraphiques et des difficultés postales, n'avait d'autre souci que de tirer du pays le plus d'argent possible. Ses troupes ne recevaient ni paie, ni vêtements, ni nourriture; il n'avait, comme de juste, aucune autorité sur elles.

A la demande de notre Délégué persan, quinze soldats furent cependant envoyés; ils manquaient de munitions et refusèrent de monter la faction;

je dus les renvoyer et faire face au danger avec mes propres ressources. J'envoyai le Délégué persan à Chouster avec mission de mettre le gouverneur en demeure d'obéir à son roi.

Pendant ce temps, chez nous tout, le monde fit le service des gardes, Européens comme indigènes, mais les brigands renseignés sur notre situation n'en furent que plus pressants. C'étaient à chaque instant des coups de feu jusque dans notre camp et les domestiques qui nous servaient à table, n'allaient de la hutte-cuisine à ma tente, qui tenait lieu de salle à manger, qu'un plat d'une main et une carabine de l'autre.

Les temps de clair de lune nous donnaient quelque répit ; mais, dès que la nuit devenait sombre, tout le monde devait être debout jusqu'au matin.

La mission dont j'avais chargé notre Délégué persan fut sans succès ; cet homme porteur d'ordres formels du Roi, au lieu de les imposer au gouverneur en lui faisant les représentations nécessaires, s'entendit avec lui, moyennant finances, et télégraphia à Téhéran que les attaques dont nous étions victimes, n'étaient pas sérieuses et que le gouvernement local avait fait tout le nécessaire.

Quelques soldats mourant de faim étaient venus en déserteurs à Suse, je les pris comme ouvriers, leur confiant des postes la nuit ; ils gagnaient comme tous mes travailleurs un kran par jour. Le bruit de l'exactitude rigoureuse de mes paiements gagna les villes, les désertions devinrent très nombreuses et grâce à elles j'eus quelques secours.

Le gouverneur, alors, voyant que ses soldats étaient rétribués dans nos travaux, se décida à m'envoyer une quinzaine d'hommes, puis un nombre beaucoup plus considérable. Ces malheureux voyaient leur modeste paie mangée par leurs officiers, qui eux-mêmes, versaient au gouverneur une partie du produit de leur vol. Ainsi les soldats travaillèrent pour les quelques sous qui leur restaient.

Cet état de choses ne pouvait se prolonger longtemps ; il y eut des révoltes, des officiers furent frappés et les troupes désertèrent Suse.

Pendant ce temps la lutte continuait plus vive que jamais avec les brigands ; j'avais pris à mon service quelques Lours de Kérim-Khan qui, joints à nous-mêmes, à nos domestiques et aux soldats qui me restaient, formaient une garde suffisante.

Une nuit un coup de feu retentit près de ma tente, il est suivi d'un cri déchirant, c'est un soldat qui venait d'abattre un Arabe. Sitôt, l'action devient générale, des centaines de cartouches sont tirées en quelques minutes.

Depuis longtemps nous désirions ramasser un mort, pour savoir exactement à quelle tribu appartenaient les brigands, mais les morts et les blessés étaient toujours enlevés par leurs camarades.

Au fort de l'action, je vois tout-à-coup mes deux contremaîtres français qui se précipitent au bas du tell, pour empêcher les voleurs d'emporter l'homme touché par mon soldat. Je les rappelle, je crie, mais ma voix est couverte par les coups de feu, il ne nous reste plus qu'à les soutenir et à balayer la plaine pour en chasser l'ennemi.

Le brigand fut rapporté, il n'était pas encore mort, la balle lui avait traversé le corps de part en part. J'eus toutes les peines du monde à empêcher mes Persans de le mettre en morceaux, ils le frappaient de leurs pieds à la tête. J'obtins enfin qu'il put mourir en paix.

Le lendemain matin je fis défiler tous mes ouvriers devant le cadavre ; il fut reconnu comme étant celui de Dakhein, le chef de la bande.

Ce succès intimida fortement les autres brigands qui, pendant huit jours environ, nous laissèrent en paix. Je redoutais au contraire une grande attaque pour venger la mort du chef, comptant sans la couardise de ces gens.

Le gouverneur lui-même prit peur ; du moment qu'il y avait mort d'homme indéniable, il craignait qu'à Téhéran l'on ne crût plus ses mensonges.

Quant au Délégué prince et docteur, plus tard lorsque je me fus privé de ses services, il remit au gouvernement persan un rapport contre moi dans lequel il qualifiait de *meurtre* la mort de ce misérable.

Des soldats nous furent alors envoyés et, malgré les attaques fréquentes, nous eûmes plus de repos; en tout cas, le gouverneur jugea prudent pour lui d'obéir enfin aux ordres de Téhéran.

Me trouvant sur la frontière, dans un pays extrêmement éloigné de la capitale au milieu de bandes d'outlaws, je ne songeais jamais à rendre le gouvernement persan responsable de l'insécurité du pays. J'avais prévu cette situation en apportant d'Europe vingt carabines. Mais je reprochais au gouverneur de ne pas nous venir en aide pour maintenir notre situation.

Mes attachés se montraient parfaits en toutes circonstances; aucun ne ménagea sa peine, tous firent bravement leur devoir, mais moi-même, je craignais pour leur vie. Un jour je les réunis et leur déclarais que, la situation me semblant très risquée, je les laissais parfaitement libres de reprendre la route de l'Europe, qu'ils étaient venus pour faire de l'archéologie et non pour se battre.

D'un commun accord, M. et Mme Lampre et M. Jéquier, qui, ainsi que mes deux contremaîtres, voyaient le feu presque tous les jours, depuis deux mois, me déclarèrent de la façon la plus catégorique qu'ils resteraient là où je serais. Ces déclarations faites, l'idée ne vint jamais à personne d'abandonner la partie; l'on ne supposa même pas que ce fût chose possible.

Ainsi se passa le commencement de l'année 1898. Malgré ces ennuis, les travaux se continuaient avec une activité fébrile et les découvertes commençaient.

Au Qal'a, j'eus aussi bien des ennuis; des pluies diluviennes me détruisirent par trois fois mes murailles commencées. Une nuit un pan de mur énorme s'abattit, les débris roulèrent jusqu'au pied du tell; puis après un moment de découragement tout fut réparé, de sorte que le 1er mai nous pouvions quitter nos tentes et nous abriter du soleil dans nos chambres à peine achevées.

L'été de 1898 vit encore quelques attaques de la part des Arabes; nous étions absents, elles furent repoussées par la petite garnison du château.

Pendant l'hiver 1898-99, nous étions abrités derrière nos murs, et, par suite, n'avions rien à craindre des rôdeurs de frontière; mais l'attaque nous vint d'un autre côté et celle-là était plus sérieuse encore.

Un matin de bonne heure en me rendant aux tranchées, je distinguai dans le lointain, vers le nord, un nuage de poussière qui lentement s'avançait vers nous. Ce nuage grossit peu à peu et je pus distinguer, à la lorgnette, les troupeaux et les cavaliers qui soulevaient la poussière.

4

C'était la horde des Seghvends, nomades des montagnes loures, forte d'environ quatre à cinq mille hommes, riche de cinquante mille têtes de bétail qui, ne trouvant plus de pâturages dans les montagnes, descendait dans la plaine susienne. Le soir tout l'horizon était, au nord, couvert de tentes noires.

Ces Seghvends, les mêmes qui m'avaient déclaré la guerre en 1897 avant le passage de la Kerkha, ayant appris qu'à Suse on gagnait de l'argent, s'en approchaient afin de prendre, eux aussi, leur part de gain et de fournir à leurs bestiaux de gras pâturages.

Aucune tribu voisine de Suse n'était à même de résister à l'invasion, tout fut dévasté : les troupeaux lâchés dans les champs de blé, les dévorèrent en quelques jours, les routes furent coupées, les caravanes pillées ou rançonnées, les troupeaux des habitants du pays razziés.

Ce même gouverneur avec lequel j'eus maille à partir l'année précédente était encore en fonctions; enfermés dans les villes, ses agents ne disposaient d'aucun moyen d'arrêter le flot des nomades qui devinrent maîtres de l'Arabistan.

Le lendemain de ce jour, je me réveillais entouré des tentes Seghvends, il y en avait partout, dans la plaine comme sur les tells de la Ville Royale. Mes ouvriers arabes n'étaient pas venus;

seuls les Dizfoulis et quelques soldats se trouvaient au travail.

Vers huit heures, mes chantiers furent envahis par une multitude de gens armés ; les ouvriers en furent chassés et je dus faire fermer les portes du château sans avoir le temps de rentrer mon matériel.

Les chefs vinrent parlementer, les uns fort poliment, d'autres avec insolence ; je laissai entrer au château ceux qui semblaient le mieux disposés, puis, faisant refermer les portes, je causai avec eux dans la cour basse, tandis que mes soldats se tenaient sur les terrasses, fusil chargé à la main.

Les Seghvends voulaient du travail, et je ne pouvais le leur refuser vu l'état du pays ; je m'entendis donc avec un certain nombre de chefs, refusant de prendre les hommes de ceux qui voulaient m'imposer leur volonté. Cette manière d'agir divisa de suite les nomades en deux factions ; l'une me fut fidèle et me rendit de grands services avec son chef Khandjan-Khan ; l'autre me fut hostile sous le commandement de Fazl-Khan.

Khandjan-Khan et son clan disposaient de 5 à 600 fusils ; Fazl-Khan en avait environ mille, mais peu m'importait, le château comptait bien luimême pour 500 hommes par sa forte position, et il eut été impossible de tomber d'accord avec Fazl-Khan.

Deux jours après, le travail reprenait, mais avec des ouvriers inexpérimentés; seuls mes Dizfoulis étaient restés. La surveillance fut difficile; douze cents ouvriers se ruaient sur la terre du tell, travaillant bien, il est vrai, comme terrassiers, mais brisant tout. Cette horde était bien difficile à mener.

Fazl-Khan enrageait de ne pas toucher d'argent; Khandjan-Khan, profitant de l'aubaine, témoignait une grande hostilité à son parent et, sans cesse, des batailles avaient lieu entre nomades. Quant à ma garnison, protégeant mes nouveaux ouvriers, elle chassait à coups de fusils les assaillants. Les tentes s'éloignèrent du tell et se mirent hors de portée de nos carabines.

J'avais déjà douze cents ouvriers, je ne pouvais en prendre plus, j'eusse été rapidement à court d'argent, sans possibilité de me ravitailler; prendre des hommes aux deux chefs, eut été les réunir et faire des ennemis des deux. Fazl-Khan m'avait facilité les choses en se comportant grossièrement; il avait formé le projet de s'emparer d'un Européen et de ne le rendre que contre une grosse rançon; je pris mes précautions pour qu'il ne put mettre ce beau projet à exécution.

Dès l'arrivée des Seghvends, j'avais écrit au gouverneur pour lui demander des renforts, je ne reçus rien, même pas de réponse, et les Seghvends, enhardis devinrent tous intraitables. J'envoyai alors la nuit M. Lampre à Dizfoul avec mission de se rendre à Bender-Bouchir, auprès de notre consul, et de là à Téhéran, s'il était nécessaire. Mes fonds s'épuisaient et je sentais très bien qu'une fois mon escarcelle vide presque tous les Seghvends deviendraient mes ennemis.

Un jour, la lutte fut si vive que, prévoyant de nouvelles difficultés et craignant pour mon matériel, j'arrêtai les travaux et fis rentrer tous mes wagons au Qal'a ; il manquait presque tous les boulons qui avaient été dévissés et volés par les ouvriers eux-mêmes.

Les choses en étaient là, quand le bruit, faux d'ailleurs, courut que le gouverneur allait marcher contre les Seghvends à la tête de 2.000 hommes de troupes. Sitôt, les tentes furent pliées et la horde s'en alla toute entière comme elle était venue, soulevant des nuages de poussière dans toute la plaine. Les Seghvends avaient occupé l'Arabistan pendant deux mois et demi.

M. Lampre se rendit à franc étrier à Téhéran en une vingtaine de jours, il renseigna la légation de France sur notre situation toujours, précaire, et vint me retrouver en été à Hamadan.

Si j'éprouvais des difficultés, les nomades du pays eux-mêmes n'étaient pas indemnes, soit qu'entre eux ils se fissent la guerre, soit qu'ils

4.

fussent attaqués par les brigands de la frontière.

Que de fois, des terrasses du Qal'a, n'avons-nous pas assisté à de véritables batailles entre tribus; la moindre question d'intérêt se règle toujours dans ces pays par les armes. En ces occasions, je ne prends jamais parti ni pour l'un ni pour l'autre des combattants; souvent tous deux viennent me prier d'être leur arbitre et je fais de mon mieux pour rétablir la paix.

Après les batailles, on nous apporte les blessés pour que nous les remettions sur pied; mais souvent la tâche est difficile car nous ne sommes que médiocres chirurgiens.

Un jour entre autres, en 1899, Kerim-Khan ayant eu beaucoup à souffrir dans une attaque de nuit, avait perdu deux ou trois hommes tués, une vingtaine de chevaux et ses blessés étaient nombreux; il nous amena les plus gravement touchés parmi lesquels se trouvait son frère, Papi-Khan, qui n'avait pas moins de trois balles dans le corps.

Un premier pansement avait été fait au camp même de Kerim-Khan, mais quel pansement! une application sur les plaies de plumes de poulet grillées et de laine de mouton. Les membres atteints étaient recouverts d'une peau d'agneau fraichement écorché, en sorte qu'une odeur infecte se dégageait de ces malheureux.

Il fallut laver les plaies, couper çà et là, enlever

les esquilles, extraire les projectiles. Louis Watelin et moi nous fîmes de notre mieux, mais j'avoue
que souvent j'ai eu le cœur sur les lèvres.

Un mois après, ces gens se trouvant mieux,
quittèrent un jour le Qal'a sans prévenir et sans
remercier; un chien aurait remué la queue en té-
moignage de reconnaissance; je n'entendis plus
parler de nos malades.

Puisque j'en suis à parler de notre rôle médical,
il faut que je donne un aperçu de la situation du
pays au point de vue sanitaire.

Le pays, extrêmement sec, est favorable au traite-
ment des plaies et les nomades sont généralement
très sains, tandis que dans les villes la proportion
des *avariés* est considérable. Gens des villes et
des tentes, tous sont d'une saleté repoussante, en
sorte que les affections de la peau et des yeux sont
très fréquents.

Le choléra et la peste sont, on peut le dire, à
l'état endémique dans l'Arabistan et la Mésopotamie, mais sous l'influence de causes que je ne
saurais préciser, ces fléaux prennent souvent une
intensité terrible et font d'effroyables ravages;
parfois 20 0/0 de la population disparaît en quelques semaines.

Les autres maladies du pays sont la pierre et la
fièvre paludéenne. La pierre est donnée par
l'absorption des eaux calcaires descendant des

montagnes loures ; les rebouteurs persans l'opèrent avec succès par les moyens les plus primitifs.

La fièvre est le grand danger, elle s'attaque à tout le monde. Tous nous en avons ressenti les effets avec plus ou moins d'intensité ; un de nos contre-maîtres français, Camille Simonnet, ancien soldat

Tranchées dans l'Acropole de Suse : en mars 1898.

d'infanterie de marine, garçon de 27 ans, fort et bien constitué, a été enlevé en deux jours par un accès pernicieux. M. Lampre, secrétaire de la Déléga-tion, a failli lui-même en être victime ; je ne l'ai tiré d'affaire qu'en lui administrant jusqu'à trois gram-mes de quinine par jour.

Comme on peut le voir, tout n'est pas rose dans notre vie, et surtout pour moi qui ai toutes les responsabilités ; les préoccupations ne manquent pas car je porte très grande amitié à mes attachés. Mais dans ces moments de tristesse, s'il survient une belle découverte, tout est oublié, les malades eux-mêmes retrouvent leur moral et la gaîté reparaît.

Mon premier soin, après l'achèvement du Qal'a, fut d'en assurer la sécurité non seulement pendant l'hiver, alors que nous habitons Suse, mais aussi et surtout pendant l'été, période pendant laquelle les chaleurs nous obligent à quitter l'Arabistan.

Le Gouvernement persan, qui toujours de Téhéran s'efforça de nous assister, me donna une petite garnison de quinze hommes pour le Qal'a ; un lieutenant et deux sous-officiers la commandent. Je laissai en outre deux ou trois domestiques de la tribu de Kérim-Khan sous les ordres du propre neveu de ce chef.

Chaque année, avant notre départ, tout le matériel, les wagonnets et les rails sont rentrés dans le Qal'a et déposés dans les écuries dont les portes sont murées.

Toutes les fenêtres et les portes de notre habitation, sauf une, sont fermées de l'intérieur à l'aide de deux pitons et de fil de fer ; la seule porte par laquelle nous puissions nous-mêmes sortir est scellée.

La grande entrée du Qal'a est close, il ne reste pour la garnison que la poterne donnant sur les chantiers.

Mes domestiques ont ordre de ne laisser pénétrer personne dans le Château et de veiller à ce qu'on ne vienne pas circuler sur le tell. L'été dernier (1901) aidés de la garnison, ils durent chasser une bande d'Arabes qui, sortis de Turquie, avaient la prétention de fouiller dans nos tranchées. Dans la lutte, mon chef domestique, le neveu de Kérim-Khan, reçut un coup de poignard dont il s'est heureusement guéri.

Les antiquités ont pris depuis quelques années une telle valeur marchande que, dans la Chaldée, tout le monde en possède ou en achète pour les vendre. Ce commerce, d'ailleurs formellement prohibé en Turquie, donne lieu aux fraudes les plus astucieuses. Il n'est pas un seul chantier de fouilles à Babylone, à Niffer, à Telloh, qui ne soit entouré d'une bande de marchands faisant tout pour corrompre les ouvriers. Ces marchands sont en associations; ils ont leurs représentants à Londres, à Paris, à Berlin, en Amérique et souvent revendent à tel ou tel musée des objets volés dans les fouilles de leur propre gouvernement.

Ces larcins sont certainement inévitables; mais, ce qui est plus grave, ce sont les encouragements donnés par certains directeurs de musées aux voleurs. Je connais un établissement scientifique des plus célèbres de l'Europe, qui envoie en Chaldée ses agents dans le but spécial de faire voler tel ou tel fouilleur, sans le moindre respect pour le travail des missionnaires scientifiques. Heureusement pour nous, en France, cette morale nous échappe; nos musées achètent ce qu'on leur présente, mais on ne provoque pas les détournements.

Mon séjour en Égypte m'avais permis d'apprécier à sa juste valeur la moralité des divers conservateurs des musées de l'Europe. Aussi, dès mon arrivée en Perse, ai-je fait le nécessaire pour rester à Suse à l'abri de leurs griffes de chacals. On me vole bien quelque peu, il est vrai; mais ces larcins sans importance, ne résultent pas d'une organisation méthodique de la part d'une administration européenne.

Je ne veux pas en dire plus long, les indélicats se reconnaîtront eux-mêmes; qu'ils sachent que faire voler dans mes chantiers est risquer la vie des voleurs, et, que, dans une autre publication, je n'aurai peut-être plus scrupule de confier au public, avec leurs noms, les procédés qu'ils emploient.

Je ne voudrais pas dissuader les conservateurs de Musée d'acheter les objets antiques qu'ils rencontrent sur le marché; il serait fâcheux de laisser perdre des monuments parfois fort intéressants.

Mais je ferai remarquer combien ces objets ont perdu de leur intérêt, par le fait même qu'ils ne possèdent aucun certificat d'authenticité ni d'origine. Que cherchons-nous dans nos travaux? Est-ce à faire une bonne affaire en trouvant pour plus d'argent que nous n'en avons dépensé? Ce but mesquin n'est pas le nôtre, nos efforts tendent à retrouver l'histoire perdue et les arts oubliés. Il nous faut donc des documents sûrs et non des bibelots pour meubler les galeries de nos Musées, déjà trop encombrées d'inutilités souvent fausses.

Ce but scientifique nous ne devons jamais le perdre de vue. Lorsqu'un objet authentique ne fournit pas lui-même, par les textes qu'il porte, son certificat d'origine, il est à mes yeux sans valeur. Combien d'erreurs scientifiques ont été appuyées sur des documents achetés! Combien de savants ont fait fausse route sur cette voie!

Les marchands et les acheteurs de bibelots sont les plus grands ennemis de la science. Ils trompent ou sont trompés, leur but est d'ordre inférieur; encourageons-les le moins possible.

V

TRANSPORTS

Une question des plus délicates était celle des transports ; je n'eus à m'en préoccuper sérieusement qu'au cours de l'hiver 1900-1901. Auparavant je conservais dans les magasins du Château toutes nos collections en vue d'un grand envoi.

Le pays ne fournissant pas de bois, j'avais fait venir de Londres 300 caisses démontées, d'un volume tel que chacune put composer à elle seule la demi-charge d'un chameau.

Pour les pièces fort lourdes, j'avais acheté à Bassorah des planches de bois de Java.

Quatre roues de chariot munies de leurs essieux d'acier avaient été apportées de France, en sorte qu'en automne 1900 il ne me resta plus qu'à faire les emballages et à monter le chariot.

Mon contremaître A. Chérel, bien que n'étant pas charron, se mit à la construction de la voiture, tandis qu'avec mon autre contremaître je m'occupais personnellement des emballages.

230 caisses furent terminées pendant les trois

premiers mois de notre séjour à Suse; les gros monuments, enveloppés de feutre, furent pourvus de caisses spécialement construites pour chaque pièce; les bronzes furent enduits de graisse des wagons et emballés de même que les grands monuments.

Je fis deux parts de mes caisses : toutes celles dont le poids ne dépassait pas 80 kg. furent desti-

Transport des antiquités : départ de Suse du grand fourgon.

nées aux transports par chameaux; les autres au nombre de 25 environ devaient partir en fourgon.

Plus de cent chameaux vinrent à Suse prendre les colis. Ils partirent accompagnés d'un Européen pour El-Mohammerah, où ils parvinrent en trois semaines, non sans quelques difficultés sur les territoires des Arabes nomades qui les soumirent à un droit de passage.

Le transport par fourgon devait s'effectuer en deux voyages non pas jusqu'à El-Mohammerah, mais seulement jusqu'à Nasseri-Ahwaz; là les colis devaient être embarqués sur le Karoun et descendre le fleuve jusqu'à son confluent avec le Chatt el-Arab.

Toutes les caisses devaient se réunir à El-Mohammerah et être déposées dans une maison spécialement louée à cet effet, jusqu'à l'arrivée du vaisseau de guerre qui devait les venir prendre.

De Suse à Nasseri, il n'existe pas de route, le fourgon devait traverser une plaine entrecoupée de canaux; je lui adjoignis une escouade de terrassiers chargés d'aplanir les difficultés, et trois ou quatre menuisiers d'occasion pour réparer les avaries; huit soldats complétaient l'expédition que commandait le chef de mes domestiques persans. Huit mulets de louage et six m'appartenant étaient destinés à la traction.

Le fourgon partit un beau matin, traversa à gué le Chaour et gagna la plaine située entre cette rivière et la Kerkha; je l'accompagnai moi-même jusqu'à bonne distance et ne revins à Suse que m'étant assuré que tout allait pour le mieux. Mon contremaître Chérel était, d'ailleurs, resté avec le convoi.

Le lendemain, j'étais dans une quiétude parfaite, quand un courrier envoyé par Chérel vint m'appren-

dre qu'au passage d'un canal l'avant-train du chariot s'était rompu ; mes bois de Java, trop secs, n'a-
vaient pu supporter la secousse.

Des terrasses du Château, on voyait à la lorgnette
au loin dans la plaine, notre caravane arrêtée, la
voiture et les tentes de nos hommes ; je gagnai rapidement à cheval, accompagné de M. Louis Watelin, le lieu de l'accident.

Le chargement était désormais trop fort pour
l'avant-train remis en place et cordé ; il nous fallait
un ou deux véhicules de plus pour n'être point for-
cés d'abandonner dans le désert une partie de nos
caisses.

De retour à Suse, M. Watelin et moi, nous nous
mîmes à la besogne ; utilisant nos roues de brouettes, nous construisîmes deux plateaux portant sur
six roues basses et capables chacun de porter
de 6 à 800 kilogs.

Ne sachant pas comment se comporteraient mes
roues de brouettes, je pris la précaution de construire un araba, ou voiture indigène, à deux roues
pleines. Mes planches de caisses firent les frais de
ce singulier véhicule ; les trois voitures furent terminés en douze heures.

Le lendemain, de bonne heure, ces voitures d'un
nouveau genre avaient rejoint le fourgon et le
tout reprenait sa course vers Nasseri.

Le second convoi fut accompagné par M. G.

Lampre qui avait mission de descendre jusqu'à El-Mohammerah par barques avec tous les gros colis et de s'assurer de l'embarquement de nos 230 caisses, sur le navire de guerre qui devait arriver d'un jour à l'autre.

J'avais eu la précaution de télégraphier à Paris que tout bateau tirant plus de 16 pieds anglais

Transport des antiquités : petit fourgon fait avec des caisses d'emballage.

d'eau ne pouvait franchir la barre du Chatt-el-Arab; mais soit que mon télégramme ne fût pas parvenu à temps, soit que notre division navale des Indes n'eût pas de vaisseaux de faible tirant d'eau, on envoya le *Jean-Bart*, qui, trop fort pour entrer dans le fleuve, resta au port de Mascate.

Il fallut donc aller rejoindre le *Jean-Bart*; un

bateau anglais embarqua nos caisses. Le consul de France à Mascate, M. Ottavi, avait été chargé par le Ministère des Affaires étrangères de venir prendre notre chargement.

Comme on peut s'en rendre compte par ce que je viens d'exposer, les transports de Suse en France présentent de réelles difficultés, surtout en ce qui concerne les pièces dont le poids, dépassant 80 kilos, ne convient pas aux chameaux. Aussi suis-je décidé à ne faire d'expéditions que tous les quatre ou cinq ans, par de grands envois, afin de réduire les frais et de conserver mon personnel pour la surveillance des travaux.

Pour les colis qui nous viennent d'Europe, et renfermant notre matériel et nos approvisionnements, les choses se passent plus simplement.

Les caisses sont expédiées de Marseille à Nasseri par bateaux anglais moyennant 65 ou 70 francs de la tonne ; là une maison hollandaise, MM. Hotz et Cie les reçoit et les expédie à Chouster par caravane ou par voie d'eau. De cette dernière ville, des mulets les portent en trois jours à Dizfoul et de Dizfoul à Suse.

Le coût du transport de 1.000 kg. de marchandises est le suivant :

12 caisses de 70 kilos chacune. Coût. . .	120 fr.
Transport de Marseille à Mohammerah. .	65 —
— de Mohammerah à Ahwaz . . .	90 —
— d'Ahwaz à Chouster . . . . :	95 —
6 charges de mulets de Chouster à Suse. .	45 —
Frais divers. Magàsinage, etc.	10 —
TOTAL. . .	425 fr.

La voie de Dizfoul-Chouster-Nasseri ne peut être employée pour les antiquités parce qu'elle comporte à Chouster le passage en keleks (radeaux faits d'outres) du Kâroun, opération fort dangereuse pour les colis.

Quant au prix de revient des transports de Suse à Mohammerah, il est économique pour les caisses ne dépassant pas 80 kg. et se monte à 250 francs environ par tonne tout compris ; mais, pour les convois de fourgons, il est considérable, par suite du nombreux personnel qui doit accompagner la caravane. Cette voie exige des précautions que nous ne pouvons prendre que pour les grands convois; aussi devons-nous en passer pour les bagages courants par la voie dispendieuse de Chouster et Dizfoul.

VI

RÉSULTATS DES FOUILLES

Je n'ai pas la prétention de donner ici une description détaillée des objets découverts dans nos fouilles, la place me manquerait; d'ailleurs, traiter des choses purement scientifiques serait m'éloigner du but que je me suis proposé, en écrivant ce petit livre.

Je signalerai donc simplement au visiteur de notre exposition les principaux monuments dignes d'éveiller son attention, en procédant dans l'ordre chronologique.

Dans l'Élam et la Chaldée, les conditions climatériques ne sont malheureusement pas aussi favorables qu'en Égypte pour la conservation des objets; toutes les matières corruptibles ont disparu, sous l'influence des pluies hivernales, et il ne reste que les substances minérales. Les étoffes, le bois, la corne, portaient bien certainement autant d'ornements et d'inscriptions que la pierre et les métaux; mais on n'en retrouve plus la moindre trace, et, en cela, les fouilles dans la Mésopotamie procurent beaucoup moins de documents que celles effectuées dans la vallée du Nil où rien ne s'est perdu.

La base du tell de l'Acropole se compose, je l'ai déjà dit, de couches renfermant uniquement des silex taillés et des fragments de poterie. Les instruments de pierre ne présentent par eux-mêmes qu'un intérêt secondaire, mais il en est tout autrement de la céramique.

Parmi les nombreux fragments de vases rencontrés dans nos galeries, il en est bon nombre qui portent en peinture noirâtre des dessins géométriques et quelquefois des figurations de fleurs ou d'animaux.

Cette poterie, habituellement très fine, appartient à un groupe dont l'existence nous est connue en Égypte, en Syrie, à Chypre et dans presque tous les pays de l'Asie Antérieure. On ne l'a pas signalée, à ma connaissance, dans la Mésopotamie; sa découverte à Suse prouve que des liens étroits, unissaient, dès la plus haute antiquité, les divers peuples des pays que je viens de citer. Je signalerai tout spécialement les figurations des oiseaux, semblables à celles que portent les vases préhistoriques égyptiens.

J'ai autrefois attribué ces vases d'Égypte à une époque antérieure au quatre-vingtième siècle avant notre ère. J'en puis dire autant des fragments trouvés à Suse; ils remontent certainement à une antiquité très reculée.

Les documents les plus anciens, après cette curieuse céramique, sont, sans contredit, des tablettes d'argile crue et des cylindres découverts à 15 mètres de profondeur; ils portent des traces indéniables de l'écriture hiéroglyphique et mon savant ami le P. Scheil les considère comme antérieurs au quatrième millenium avant J.-C.

Ainsi les couches situées à quinze mètres de profondeur remonteraient à six mille ans. Que devons-nous penser de l'antiquité des niveaux inférieurs situés à vingt mètres au-dessous des couches à tablettes archaïques? Si en six mille ans, les civilisations raffinées, avec leurs grands édifices, leurs travaux de fortifications, n'ont amené le dépôt que de quinze mètres de débris, combien de siècles ont été nécessaires pour la formation de ces vingt premiers mètres, alors que l'homme ne disposait que de faibles moyens pour la construction de ses demeures?

Ces considérations, jointes à bien d'autres d'un ordre plus scientifique, permettent d'attribuer aux niveaux inférieurs de Suse une antiquité telle que je n'ose la formuler.

L'importance de ces constatations est immense, car jusqu'ici jamais on n'avait rencontré en Chaldée aucun document dont l'antiquité puisse être comparée à celle des premiers âges de l'Égypte. Aujourd'hui le champ est ouvert ; lequel des deux pays aura la priorité ? les travaux de l'avenir le diront.

L'obélisque du roi Manichtou-sou (XXXIXe siècle environ), l'un des plus beaux, si ce n'est le plus considérable des documents épigraphiques connus de ces temps, est un bloc de dacite, roche volcanique apportée du haut Euphrate par les Chaldéens. La sûreté de main du graveur qui l'a couverte de ses 12.000 signes est merveilleuse. Cette roche, qui aujourd'hui même se défend contre nos instruments du meilleur acier, s'est laissée façonner par un outil de bronze. Quel bronze donc était celui qu'employaient les sculpteurs chaldéens cinq mille ans avant nous ?

Cet obélisque n'est pas le seul document que nous possédions de cette époque ; nos fouilles ont donné une foule de briques et de cônes d'argile, couverts de textes gravés au stylet et fournissant les noms des Patesis ou princes sacerdotaux héréditaires de Suse.

De ce temps aussi est une charmante statuette d'ivoire représentant un personnage debout les mains jointes, œuvre d'un artiste consommé. Autrefois, cette figurine était rehaussée d'or, peut-être même sa tête était-elle de métal précieux ; elle a disparu ainsi que les ornements qui remplissaient certaines cavités.

Naram-Sin le grand roi chaldéen (xxxixᵉ siècle environ) avait construit à Suse; quelques briques le prouvent. Mais ce n'est pas à ces monuments susiens qu'il faut attribuer la découverte, dans les ruines, de sa grande stèle triomphale. Cette sculpture fut apportée de Chaldée par le roi d'Élam *Choutrouk Nakhounte.*

Je n'insisterai pas sur les qualités artistiques de ce monument : elles dépassent tout ce que nous connaissions de ces époques, tant par la composition que par l'exécution du sujet. Naram-Sin, vainqueur des Louloubi, poursuit à la tête de ses armées les vaincus dans un pays montagneux et boisé; les cadavres des ennemis jonchent le sol et roulent dans les précipices. Les survivants implorent la pitié du conquérant.

C'est vers cette époque qu'il convient de ranger un monument de grande importance que je ne puis malheureusement pas faire figurer dans notre exposition. Semblable à l'obélisque de Manichtousou, ce bloc de pierre que MM. G. Jéquier et L. Watelin viennent de découvrir à Suse, n'a pu encore être transporté en Europe.

Ce bloc de dacite, je crois, porte en un long texte le recueil complet des lois du roi Khammourabi (xxiᵉ siècle environ avant J.-C.). C'est l'étalon sur lequel fut copiée la réglementation juridique qui, pendant deux mille ans, fut la règle dans les pays de l'Euphrate et du Tigre.

Puis viennent les koudourrous dont nous avons trouvé une vingtaine tant entiers qu'en fragments,

Les koudourrous sont les titres de propriété remontant à l'époque des rois cosséens de la Chaldée (du XIIIe au XIIe siècles avant J.-C.). Les textes sont gravés sur de simples cailloux de calcaire; les dieux sous la protection de qui l'acte a été passé, sont figurés par leurs emblèmes sur les faces que n'occupe pas l'écriture.

On ne connaissait que fort peu de ces monuments avant nos fouilles de Suse : l'un d'eux dit « caillou Michaux » jouit d'une grande notoriété; il est conservé au Cabinet des Médailles de Paris.

Les souverains chaldéens et élamites avaient coutume de construire leurs monuments à l'aide de matériaux portant leur nom écrit en caractères cunéiformes, afin de rappeler à la postérité leurs œuvres. En Chaldée, les briques étaient estampillées et, par suite, le même texte se reproduit des milliers de fois dans les mêmes ruines; en Elam, au contraire, les inscriptions étaient, sauf de rares exceptions, écrites à la main sur la terre encore molle avant le séchage et la mise au four des matériaux.

Cette manière de procéder permettait une variété beaucoup plus grande dans les textes; souvent même, rencontrons-nous des variantes dans les formules; elle nous permet, en tous cas, de relever les noms de tous les rois qui, souvent, citent leur femme, leurs frères et toujours leur père.

Ces briques sont en très grand nombre à Suse et, pour l'œil inexpérimenté, elles se ressemblent toutes. Mais, en réalité, elles diffèrent sensiblement les unes des autres. Je ne puis mieux les définir qu'en les comparant aux feuillets d'un livre d'histoire qui, déchirés, seraient répandus sur le sol.

Ces briques, curieuses par leurs grandes dimensions, sont faites d'argile du pays, triturée avec soin et bien cuite. Ce sont les plus communes ; elles entraient dans la construction des murailles des temples.

D'autres, plus rares mais cependant encore assez fréquentes, se composent d'un grès pilé dont les grains sont réunis par une pâte fusible ; elles sont enduites d'un émail bleu sur une ou deux de leurs faces, tandis que souvent elles portent sur tous les côtés des textes gravés en creux. Les inscriptions n'étaient donc pas spécialement faites pour attirer les regards des fidèles du temple dans la construction duquel entraient les matériaux ; elles étaient, comme les briques d'argile commune, destinées à la postérité.

On peut voir dans nos vitrines que les grès émaillés n'étaient pas seulement employés pour des briques ; on en faisait des plaques de revêtement, des pommeaux, des clous, des reliefs de toute nature, jusqu'à des représentations de personnages, et la partie visible était toujours émaillée soit en bleu, soit en diverses couleurs.

Cette céramique émaillée appartient à l'époque des rois, c'est-à-dire au xxe siècle environ; plus tard elle servit de modèle aux Perses de l'époque Achéménide qui, avec les mêmes pâtes et les mêmes procédés, fabriquèrent, 1500 ans après, leurs bas-reliefs polychromes.

Dans les grès élamites on retrouve tous les détails de la céramique monumentale des successeurs de Darius; les Achéménides, en cela encore, n'ont fait que copier leurs prédécesseurs.

Bien que jusqu'ici nous ayons rencontré dans nos fouilles un grand nombre de ces ornements, nous ne possédons pas de morceaux assez importants pour qu'il nous soit possible de juger de l'effet décoratif d'ensemble; je pense toutefois que les œuvres achéménides demeurèrent bien inférieures à celle des Élamites.

Le seul monument à peu près complet que nous ayons rencontré jusqu'ici dans les fouilles de l'Acropole susienne était une chapelle de Choutrouk Nakhounte II; elle était construite entièrement en briques émaillées en bleu et produisait un gracieux effet.

La brique polychrome n'était pas le seul procédé ornemental employé par les architectes susiens; les métaux jouaient aussi un rôle important : l'albâtre, les marbres de couleur, la brèche et toutes les matières minérales que fournissent en abondance les montagnes voisines, trouvaient leur place dans l'architecture d'Anzan.

Assourbanipal nous vante la richesse des édifices susiens, leurs revêtements précieux, les statues d'or, d'argent et de bronze qui ornaient les temples et, si nous en jugeons par nos découvertes, le roi d'Assour ne nous a pas trompés dans ses récits.

L'or et l'argent ont été emportés à Ninive; le marbre, l'albâtre brisés sont disséminés dans les terres de l'Acropole; mais le bronze nous est resté, ou tout au moins nous possédons quelques pièces de nature à nous donner une haute idée de ce qu'étaient les édifices susiens.

Lors du sac de l'Elam par Assourbanipal la ville fut réduite en cendres, tout ce qui était susceptible d'être emporté fut chargé sur les bêtes de somme de l'armée, mais les pièces trop lourdes furent abandonnées, mutilées, au milieu des décombres; c'est ainsi que nous possédons aujourd'hui une table d'offrandes, un bas-relief et une colonne de bronze.

La colonne est restée intacte, longue de plus de quatre mètres elle porte une grande inscription anzanite; jamais on n'a tenté de la briser.

Il n'en est pas de même de la table et du bas-
relief; ils portent encore la trace des coups de
masses des soldats assyriens; on en prit tout ce
que le marteau était à même de détacher, le reste,
trop pesant, fut abandonné tant étaient grandes les
dépouilles de Suse. L'armée pilla pendant plus
d'un mois, puis gorgée, repue, ses mulets fléchis-
sant sous la charge des trésors, elle s'éloigna laissant dans les ruines fumantes des richesses qu'en
d'autres temps, elle n'eût certes pas négligées.

Ces trois monuments de bronze sont d'un grand
intérêt par leur technique comme par leur composition artistique. On conçoit difficilement comment
les fondeurs du xviiie siècle avant notre ère sont
parvenus à obtenir des pièces aussi importantes
sans soufflures, alors que, plus tard, les Grecs et les
Romains y réussissaient à peine, et que nous-
mêmes, trente-huit siècles plus tard, avec tous les
moyens mécaniques et chimiques dont nous disposons, nous ne faisons pas toujours avec succès
une coulée de cette importance.

La colonne est d'une grande simplicité, elle ne
présente de réel intérêt que par sa taille et par le
texte qui la recouvre; mais la table et le bas relief
sont de véritables œuvres d'art.

La table, entourée de deux serpents enroulés,
soutenue par cinq personnages était jadis encas-
trée dans la muraille ou dans l'autel d'une divi-

nité. Le bas-relief ornait un sanctuaire ou le piédestal d'une statue : il porte sept personnages marchant en procession et séparés par des textes religieux.

Ce bas-relief n'était autrefois certainement pas isolé, il faisait partie d'un revêtement continu ornant soit le piédestal d'une divinité, soit le pourtour intérieur d'un sanctuaire ; on y voit encore les traces des efforts faits par les vainqueurs dans leur pillage, pour le réduire en fragments d'un transport facile.

Quant aux statues de marbre et d'albâtre dont parlent les inscriptions ninivites, nous en trouvons fréquemment les morceaux dans nos fouilles. Les monstres ailés qui gardaient les portes des édifices nous ont laissé d'énormes cornes d'albâtre au nom du roi. Tous ces fragments je les conserve avec le plus grand soin, car, peu à peu, les monuments se complètent au cours des fouilles.

L'exemple le plus curieux que je connaisse de la reconstitution d'un monument par des découvertes successives en des lieux différents, est l'histoire d'une stèle en diorite du Musée de Ghizeh. La partie supérieure fut trouvée par Mariette vers 1870 dans la Haute-Égypte ; dix ans après M. Maspero découvrait la base dans le Delta ; il ne manquait plus qu'un morceau qui fut mis au jour pendant mon séjour en Égypte. Aujourd'hui le monument est complet.

Parmi ces fragments il en est un que je ne puis passer sous silence ; c'est un petit bas-relief élamite représentant une femme assise, filant devant un autel supportant un poisson, derrière cette femme un esclave agite un éventail. Ce petit morceau de sculpture est fort délicat ; je crois pouvoir l'attribuer à la belle époque anzanite, c'est-à-dire

Brique inscrite de Choutrouk Nakh-Khounté.

au XVIIIe siècle avant notre ère. Peut-être un jour retrouverons-nous d'autres débris du monument dont il faisait partie.

Je n'en terminerais pas si je voulais citer les objets anzanites de moindre importance provenant des fouilles de Suse : ce sont des cachets, des cylindres, des tablettes, des vases et une série très nombreuse de petits ustensiles qui, chaque jour,

sortent du sol. Ces objets sont intéressants par la
position qu'ils occupent dans les ruines et par les
comparaisons qu'ils permettent d'établir avec leurs
analogues découverts dans d'autres pays.

Suse, capitale de l'Elam, couvrait de sa domination non-seulement la plaine, mais aussi la montagne; la plupart des tells du Louristan, du Poucht-
è-Kouh et des Baktyaris signalent l'emplacement
de villes qui ont obéi aux rois d'Anzan. Parmi ces
cités provinciales l'une des plus intéressantes s'é-
levait dans la vallée qui de nos jours porte le
nom de Mâl-Emir, au pays des Baktyaris. Là ré-
gnaient de petits dynastes qui ont laissé sur les
rochers des témoins de leur existence. Ce sont
des stèles dont quelques-unes portent encore
des textes fort curieux; ces sculptures, j'en ai
apporté les estampages et nous en possédons aujourd'hui la reproduction fidèle.

Avec les moulages de Mâl-Emir se termine la
série des documents élamites que nous possédons jusqu'à ce jour. Ces collections, faites en
quatre ans de fouilles, quoique très nombreuses,
sont encore bien incomplètes; mais il faut songer
qu'elles sont uniques au monde et qu'à part un
petit lot de tablettes rapportées de Mâl-Emir au
Musée britannique et quelques briques trouvées à
Bender-Bouchir et à Suse par M. Dieulafoy, nous
ne possédions rien du royaume d'Elam.

Bien que mes travaux aient été dirigés dans le but spécial d'étudier l'époque élamite, la période achéménide nous a fourni de belles œuvres d'art et quelques documents intéressants. Nous la rencontrons fréquemment dans les niveaux supérieurs mélangée avec les temps qui l'ont suivie.

L'Acropole ne renferme plus que des restes informes de l'époque perse ; une épaisse muraille

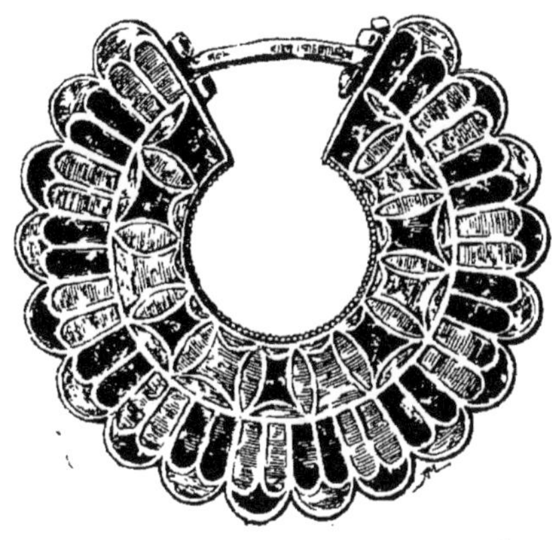

Boucle d'oreille d'or enchâssée de lapis-lazuli et de turquoises. Sépulture achéménide de Suse. (IVe siècle av. J.-C.) Grandeur naturelle. Dessin de l'auteur.

unique, de briques crues, couronnait la crête irrégulière du tell suivant les contours du monticule ; elle ne semble pas avoir été garnie de tours, ou mieux, je n'ai pas encore rencontré la moindre indication de nature à justifier une semblable opinion.

Cette muraille, mes tranchées l'ont recoupée et

détruite sur la moitié environ du pourtour de l'A-
cropole. Mais, avant de la faire disparaître, j'en
avais fait suivre le contour interne, afin de la figurer sur mes plans.

Les travaux dans l'Acropole ont donné quelques
fragments de bases de colonnes achéménides portant en trois langues le protocole des rois Xerxès
et Artaxerxès, des fragments de vases d'albâtre

Partie de collier d'or de la sépulture achéménide de Suse (IVe siècle av.
J.-C.). Les perles et les pendeloques sont incrustées de lapis-lazuli, de
turquoise et de cornaline, grandeur naturelle. Dessin de l'auteur.

avec noms royaux en quatre langues (l'égyptien,
l'assyrien, le perse et le néo-anzanite) et enfin une
riche sépulture renfermant les seuls bijoux connus jusqu'ici de cette époque.

Cette tombe, malheureusement isolée, se trouvait
à l'intérieur du mur d'enceinte achéménide ; ren-
fermée dans un sarcophage de bronze elle était
restée vierge.

Son mobilier est celui d'une femme : deux monnaies phénico-achéménides d'Aradus en Phénicie fixent sa date à la fin du vᵉ siècle ou au commenment du ivᵉ. La trouvaille se compose de bijoux, torques, colliers, bracelets, boucles d'oreilles, ornements divers, le tout en or massif incrusté de pierres précieuses, d'une patère d'argent et de deux vases d'albâtre.

Bracelet d'or massif, orné d'incrustations de lapis-lazuli, de turquoise et de nacre. Sépulture achéménide de Suse. (ivᵉ siècle av. J.-C.) 2/3 de grandeur naturelle. Dessin de l'auteur.

Je n'entrerai pas dans la description détaillée de cette précieuse joaillerie, me contentant d'appeler l'attention sur sa technique. Les procédés sont les mêmes que ceux en usage en Égypte dès le Moyen Empire et j'ai tout lieu de croire que les orfèvres perses n'étaient que les élèves de ceux des Pharaons. La ciselure dans le torque et les bracelets est fort remarquable ; elle donne une grande allure aux têtes de lions qui terminent l'extrémité de ces bijoux.

Suivant les stipulations de la convention passée entre la Perse et la France, je remis au trésor royal la valeur en poids de cette découverte ; la somme fut de 3.200 fr. environ. Je donne cette indication pour montrer combien étaient pesantes les parures de cette époque. Quelle est la femme qui, de nos jours, consentirait à se charger d'un kilogramme de bijoux?

La sépulture ne renfermait pas d'armes et quoique le squelette fut en très mauvais état, j'ai pensé, en me basant sur la largeur relativement très forte des os du bassin par rapport à celle des épaules, que nous étions en face d'une tombe de femme. C'est moi-même qui, aidé de M. L. Watelin et de M⁰ G. Lampre, ai fait cette fouille en entier, de sorte que j'ai pu prendre un croquis exact de la position des objets. Quant au squelette il tomba de suite en fragments si petits qu'il devint impossible de les recueillir.

Si les femmes perses se couvraient de joyaux, les hommes ne leur cédaient en rien dans la parure. Hérodote, Strabon, Arrien nous montrent les gardes amardes du Roi et les seigneurs perses chargés de trésors ; le champ de bataille de Platée fut une véritable mine d'or pour les Grecs vainqueurs. Cet usage se continua dans la suite ; les seigneurs de l'époque sassanide étaient, eux aussi, parés comme des femmes, si nous en jugeons par les récits des historiens byzantins.

En dehors des fragments d'architecture et des bijoux, nos fouilles ont donné une grande quantité de poteries émaillées dont on ne peut préciser la date, mais qui, sûrement, ne sont pas antérieures à l'époque des Achéménides.

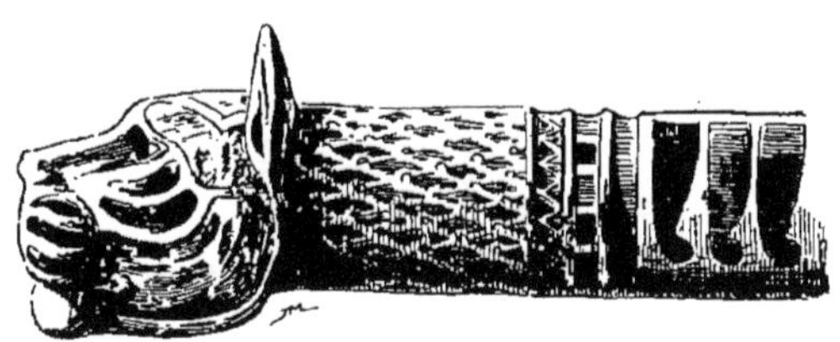

Tête de lion terminant les extrémités du torque d'or de la sépulture achéménide de Suse (IVᵉ siècle av. J.-C.) Les incrustations sont de lapis-lazuli, de turquoise et de nacre. Grandeur naturelle. Dessin de l'auteur.

Parmi les objets d'époque perse, je dois citer encore un lion de bronze, dont le poids est d'environ 100 kilogrammes. Cette œuvre d'art a été rencontrée auprès d'un autre bronze de provenance grecque et j'ai longtemps hésité sur son style jusqu'à ce qu'elle eût été dégagée de la croûte d'oxyde qui l'enveloppait.

Aujourd'hui, je puis affirmer avec certitude que ce lion est l'œuvre d'un sculpteur perse du VIᵉ au

6

ive siècles avant notre ère. C'est une pièce fort intéressante, malgré le conventionnel de sa composition.

J'avais, dès longtemps, formé le projet de rapporter en France les moulages de tous les monuments antiques de la Perse, qui, sculptés sur les rochers, ne peuvent être transportés. Nous possédons aujourd'hui bon nombre de textes de Persépolis et les deux inscriptions trilingues de l'Elvend ; cette suite sera continuée.

Colombes en lapis-lazuli et en or. Sépulture achéménide de Suse (ive siècle av. J.-C.) Grandeur naturelle. Dessin de l'auteur.

Dans leurs expéditions contre les Grecs, les Perses firent un grand butin et les dépouilles de l'Asie-Mineure et de l'Europe vinrent grossir les trésors du Roi des rois tant à Ecbatane qu'à Suse. C'est du moins ce que nous savions par les auteurs classiques ; or, la chance a voulu que ces assertions fussent confirmées d'une façon absolue par nos découvertes dans l'Acropole.

Les travaux ont mis au jour, non loin du lion de bronze dont il vient d'être question, un osselet gigantesque en même métal, pesant 93 kilos environ et garni d'un texte boustrophédon en grec archaïque. Ces sortes d'inscriptions primitives se lisent alternativement de gauche à droite, suivant la marche du bœuf qui trace son sillon.

Cet osselet, ainsi que le dit l'inscription, constituait la dîme prélevée en faveur de l'Apollon didyméen sur les dépouilles provenant d'un champ de bataille; les armures et les armes des vaincus avaient été fondues et coulées sous forme d'osselet de mouton pour entrer dans le trésor du

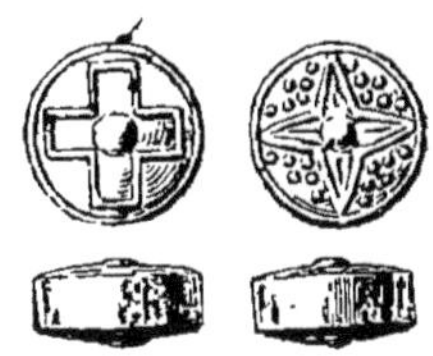

Ornement en or repoussé. Sépulture achéménide de Suse (ıv^e siècle av. J.-C.). Grandeur naturelle. Dessin de l'auteur.

temple. Cette curieuse pièce appartient au vı^e siècle avant J.-C. J'en ai confié l'étude à mon savant ami M. Haussoullier qui, lui-même, a fouillé les ruines de Didymes. Sa surprise fut grande quand il apprit que nous retrouvions à Suse des objets dérobés au temple qui faisait l'objet de ses études.

Les restes grecs sont peu nombreux dans nos découvertes; parfois nous rencontrons des fragments de vases peints appartenant aux vıı^e et vı^e siècles; ils proviennent, comme l'osselet, de l'expédition de Darius en Occident.

La période séleucide a laissé peu de traces à Suse; toutefois, un fragment d'inscription nous montre que le nom antique de la capitale élamite avait, à cette époque, été remplacé par celui de *Seleucie de l'Euléus*. Ce dernier nom n'a pas prévalu et les Sassanides frappèrent à Suse des monnaies sur lesquelles reparaît l'ancienne dénomination, *Chouch*.

Pour les époques postérieures aux Séleucides, nous trouvons une grande quantité de poteries,

Petit lion d'or, sépulture achéménide de Suse (IVe siècle av. J.-C.). Grandeur naturelle. Dessin de l'auteur.

mais fort peu d'objets intéressants par leur caractère artistique. Suse était, d'ailleurs, tombée au rang de bourgade; elle avait été remplacée par deux villes aujourd'hui encore florissantes, Chouster et Dizfoul, et par un établissement important dont on retrouve les restes en amont des ruines de la capitale élamite, aux lieux dits Poul-é-Kerkha (le pont de la Kerkha) et Eivan-i-Kerkha (la salle du trône de la Kerkha). Cette ville, bâtie par la volonté d'un prince, ne subsista pas; mais son emplacement est bien défini par les ruines de ses remparts, de son pont, de son palais et par les travaux considérables d'irrigation qui portaient dans la cité les eaux du fleuve.

De même que j'ai rapporté en France, sous forme de moulages, bon nombre de textes achéménides, de même je me suis attaché aux monuments sassanides les plus importants; on peut voir dans nos collections, les bas-reliefs et les chapiteaux de Tagh-è-Bostân, près de Kirmanchah, œuvre de l'époque de Chosroes.

Avant Constantin Ier, alors que les chrétiens étaient persécutés dans tout l'empire romain, les Sassanides, bien que mazdéens, accueillirent favorablement les fidèles de la nouvelle religion et le territoire perse devint pour eux un refuge assuré. Sous cette haute protection, le christianisme se développa avec une incroyable rapidité dans la Chaldée; il se recrutait sans cesse de fugitifs qui rendaient aux Perses de grands services. Chaque ville eût son évêque et, parmi les évêchés, celui de Souk-el-Ahwaz fut un des plus fameux. Nous avons trouvé à Suse une lampe chrétienne de bronze, ornée d'une croix, qui appartient à cette époque. Mais plus tard, quand les dieux furent chassés de tous les temples de l'Empire romain et que la croix orna les enseignes des légions, les rois de Perse arrêtèrent les progrès du christianisme et les persécutions commencèrent. Enfin l'invasion arabe

6.

donna le coup de grâce aux colonies chrétiennes de l'Orient ; le peu qu'il en resta dut se cacher pour échapper au fanatisme des conquérants.

Suse existait encore à l'époque arabe, nous en trouvons la preuve non seulement dans les écrits orientaux, mais aussi dans les poteries que nous rencontrons dans les fouilles ; quelques tombeaux de cheikhs datent de cette époque. Peu à peu les habitants de la ville désertèrent, au profit de Dizfoul et de Chouster, et la capitale des rois d'Élam s'éteignit peu à peu vers le xve siècle de notre ère. Elle avait vécu pendant dix mille ans au moins et mourait de vieillesse.

Tête de lion terminant les extrémités du torque d'or de la sépulture achéménide de Suse (ive siècle av. J.-C.). Incrustations de lapis-lazuli, de turquoise et de nacre. Grandeur naturelle. Dessin de l'auteur.

VII

DOCUMENTS ÉPIGRAPHIQUES

Je ne saurais mieux faire, pour exposer les résultats épigraphiques et historiques de nos découvertes que de passer la plume à mon savant ami le P. Scheil. C'est lui qui a traduit tous nos textes avec une sûreté qui, malgré la rapidité des travaux, défie toute critique, lui qui, le premier, a pénétré l'esprit de cette langue anzanite qui résistait à la sagacité des hommes les plus habiles. Je lui remets le soin de nous faire part lui-même de ses étonnements en présence d'aussi vastes découvertes historiques.

« L'Arabe indifférent qui campe sur les ruines de *Suse* en conserve par tradition le vrai nom, mais ignore les grands souvenirs qu'elles recèlent! Suse a survécu, dans la mémoire des peuples civilisés, aux catastrophes et aux vicissitudes humaines, mais les faits historiques-qui l'ont immortalisée ne se rapportent en réalité qu'à la période de sa décadence. Et cependant, parmi les capitales d'empires déchus, s'il en est d'aussi fameuses, il n'en est pas qui ait eu une destinée plus vivace que Suse, pareille en cela au cèdre qui dans l'antique écriture, sert à figurer son nom !

Dès 4000 av. J.-C. chef-lieu d'un district appelé *Parâse*, puis d'une région plus étendue appelée *Elam*, Suse devînt bientôt le centre hégémonique d'une monarchie puissante comprenant dans ses limites, outre ce premier fonds, un pays de langue et races différentes nommé *Anzan* ou *Anchan*. Faisceau redoutable de peuples qui tenaient en échec tantôt les Babyloniens, tantôt les peuples de Louloubi, d'Ourartou, tantôt les Assyriens, inférieurs à nul autre, ni pour la valeur guerrière, ni pour la culture morale.

Toujours debout au rang suprême, Suse vit déchoir et passer ses compagnes d'origine, Oukh, Our, Ourouk, Nipour, etc., puis Babylone, Ninive assez tard venues sur la scène du monde, jusqu'à l'heure de son propre déclin !

En remontant le cours des âges, depuis 600 environ av. J.-C., l'histoire restait donc muette au sujet de l'un des plus puissants empires d'Orient. L'ensemble des notions qu'elle puisait à des sources étrangères sur les dynasties élamites, leur politique extérieure, leurs guerres, leur origine, leur rôle dans la mêlée des peuples, pendant trente siècles, tenait dans une page.

C'est l'honneur de notre France qui a donné le premier coup de pioche dans les ruines de Ninive, qui a envoyé, il y a cinquante ans, une expédition de fouilles à Babylone, de ressusciter enfin à son tour la grande nation élamite dont Suse était le cœur et la tête!

* * *

Les plus anciens textes découverts à Suse sont certainement antérieurs à 4000 av. J.-C., comme il ressort du caractère de l'écriture. Ils n'appartiennent pas proprement à la série dite *historique*. Pièces de comptabilité sur tablettes d'argile séchées à l'air, ils constituent un groupe sans pareil, de la plus haute importance pour l'étude des origines de l'écriture cunéiforme, révèlent à l'historien que la civilisation élamite ne retarde sur aucune autre connue, et laissent présumer que, loin de tout emprunter à des voisins, c'est d'elle peut-être qu'est issue la civilisation babylonienne.

* * *

Entre 4000 et 3000 le roi babylonien *Man ichtousou* étend ses frontières du nord de la Babylonie jusqu'à la mer Persique et, sans aucun doute, englobe la Susiane dans sa conquête. Trouvée à Suse, une très longue inscription, qu'il fit graver sur un obélisque de diorite, témoigne de l'organisation sage et équitable d'une vraie société, possédant un droit privé, rigoureusement appliqué dans une transaction colossale où le roi lui-même est partie contractante. Les obligations de l'acheteur, celles du propriétaire à l'égard des serfs à divers degrés et des arpenteurs, y sont stipulées minutieusement tant pour la nourriture que pour le vêtement et le salaire. Comme on l'eût fait pour de glorieuses conquêtes et les plus hauts faits d'armes, le tout est gravé pour les siècles sur la diorite ! De cette époque reculée, on peut espérer des documents plus historiques, soit récits de guerre, soit généalogies royales ; on n'en découvrira jamais de plus *humain* !

Il existe aussi de Man ichtousou un fragment de statue gigantesque en diorite, avec légende d'un roi postérieur, expliquant le transfert à Suse de ce monument qui partagea le sort de l'obélisque.

** **

Assez proche de Man ichtousou, vers 3850, si on ajoute foi aux calculs des Babyloniens qui ne se trompaient guère, saluons le roi d'Aganê et des Quatre Régions, *Naram Sin*, qui peut aller de pair avec les plus grands, tant pour ses œuvres pacifiques que par ses exploits de guerre. Du nord de la Babylonie, il a poussé ses conquêtes jusqu'en Basse-Chaldée et en Elam. Sa stèle triomphale trouvée à Suse est un morceau incomparable. On croit rêver en voyant surgir, au fond de la nuit des temps, cette colonne de lumière qui révèle et éclaire toute une époque d'histoire artistique et sociale!

Notre stèle qui commémore la victoire de Naram Sin sur les peuplades élamites, fut érigée primitivement en Babylonie, d'où le roi élamite Choutrouk-Nakhkhounte la transporta à Suse vers 1100 av. J.-C.

Un autre relief en diorite nous rend le même roi, non plus dans l'appareil de la guerre, mais seulement armé du sceptre et coiffé de la tiare à cornes. La légende a disparu, mais la ressemblance du sujet est frappante avec le Naram Sin du Musée de Constantinople.

Un fragment de vase en albâtre porte son cartouche et nous console de la disparition d'un autre vase en tout pareil qui provenait de l'Expédition française à Babylone (1851-1854) et qui se perdit dans le Tigre.

Enfin un débris de stèle historique dû au même roi nous promet pour l'avenir de plus amples renseignements sur ses faits et gestes.

*
* *

A n'en pas douter, dès cette époque, il faut considérer l'Elam comme une principauté vassale des rois de Kich, d'Aganê ou d'Our en Babylonie. C'était le régime des *patési* ou lieutenants-gouverneurs, comportant beaucoup d'indépendance avec charge de tributs en nature, pendant la paix, et d'hommes en temps de guerre.

On n'aurait découvert à Suse aucune brique de construction au nom de *Dounghi* et *Ghimil Sin*, rois d'Our (vers 2500 av. J.-C.), si ces princes n'avaient été en réalité les suzerains d'Elam.

C'est vraisemblablement à cette époque qu'il faut placer la belle série de *patési* élamites que nous ont livrés les fouilles de Suse :

> *Karibou cha Chouchinak*, gouverneur d'Elam et patési de Suse,
> *Kal Roukhouratir*, patési de Suse,
> *Idadou II*, patési de Suse,
> *Silkhakha*, oncle des quatre suivants,
> *Kouri Gougou*,
> *Temti Khalki*, soukkal (titre analogue à celui de patési) de Suse et d'Elam Sipar, frère du précédent,
> *Kouk Kirpiach*, soukkal de Suse et d'Elam Sipar, époux de *Mekoubi*, fille du patési d'Achnounnak,
> *Atta pakchou*, chef des peuples de Suse,
> *Kha(?)basadimma*, patési de Suse,

Dont nous lisons les noms et l'ascendance sur leurs briques de constructions.

Complétons cette liste avec ceux que nous relevons de seconde main sur des documents postérieurs :

Kouk Nachoutach,
Chiroukdouh,
Khoumbanoummena,
Kin Daddou
Khoutran Tepti,
Simebalar,
Ebarti,
Idadou I,
Bala ichchan,
Attar kittakh,
Pakhir ichchan.

Tous ces princes ont vécu entre 3000 et 2000 av. J.-C.

Un des plus anciens et des plus fameux dût être Karibou cha Chouchinak. D'après un de ses cônes de fondation il construisit en l'honneur de *Chouchinak,* premier dieu susien, un temple appelé *Bît Chougou.* Une de ses stèles nous apprend qu'il a creusé le canal de *Sidour,* qu'il a élevé un monument appelé *Porte de Chouchinak,* le dotant en victimes et en vaisselle d'or et d'argent, et enfin, qu'il rédigea des lois pour le bonheur de ses sujets.

Une statuette d'albâtre perpétue le souvenir

d'autres ouvrages en argent et en bronze qu'il voua aux dieux.

Kal Roukhouratir, Idadou II, Temti khalki, Kouk Kirpiach prirent tous part à la construction ou à la restauration du temple *Ê AZAG AN* (ou *NOUN*)-*NA*, sanctuaire du grand dieu susien.

Atta pakchou enfin, se vante d'avoir construit un pont.

*
* *

Au seul aspect de ces noms de *patési* et de *soukallou* dont les titulaires vivaient entre 3000 et 2000 av. J.-C., nous nous sentons autorisé à dire que, dès les temps les plus reculés, il y avait en Elam mélange de races et de langues. Elam était, comme le dit la Genèse, x, 22, le premier fils de Sem, c'est-à-dire le plus éloigné géographiquement, et comme tel, aux confins de deux mondes, le plus exposé à la pénétration étrangère active ou passive. Si les inscriptions de cette époque sont en langue sémitique, il n'en est pas ainsi des noms de princes comme Kouk Kirpiach, Kouk Nachoutach, Atta pakchou, Simebalar, Tepti Khalki, etc.

Il faut donc penser de deux choses l'une; ou que les Sémites ont débordé de Babylonie sur l'Elam en se soumettant à des princes locaux de race étrangère, mais qui étaient eux-mêmes, sous la suzeraineté plus ou moins continue des rois de Ba-

bylonie; ou, ce qui est bien probable, que les Anzanites venus de plus loin ont envahi et conquis
le pays sémitique d'Elam et lui imposèrent des
maîtres sans en bouleverser l'économie.

Remarquons une fois pour toutes que nous
nommons *Anzanite*, l'élément non sémitique qui
se trahit dans ce dualisme ethnique. Pour les Sémites du dehors et du dedans, il n'est guère question que du *pays d'Elam* ; pour le groupe non sémite qui fut toujours politiquement prédominant
il n'est jamais question que du *peuple d'Anzan et
Susè*. Suse, à cause de son voisinage immédiat
avec la Babylonie, devant être *à priori* plutôt sémite qu'autre chose, il nous reste le deuxième élément du protocole royal, c'est-à-dire *Anzan*, pour
dénommer le nouveau peuple et la nouvelle
langue.

Les premières traces d'anzanisme se mani-
festent donc en Elam dès l'époque du *patési*.

*
* *

Combien de temps dura le régime des patési? Il
est certain qu'après plusieurs essais infructueux
d'émancipation du joug d'Aganê, Kîch, Our, vers
2280 les Elamites se trouvèrent affranchis. Alors
vécut *Koudour Nakhkhounte*, brillant conquérant
dont parle Assurbanipal roi d'Assyrie (668-626),
et qui régna 1635 ans avant lui, et les princes éla-

mites *Simti Chilkhak, Koudour Mabouk, Rim Anoum, Rim Sin*. La revanche fut complète ; une dynastie partie de Suse trôna au cœur même de la Babylonie, et non contente d'y commander souverainement poussa, croit-on, ses excursions jusqu'à la Méditerranée.

*
* *

Les principautés babyloniennes ne recouvrèrent leur indépendance que par *Khammourabi* (vers 2.000 av. J.-C.) qui les réunit toutes sous un seul sceptre et devint ainsi le vrai créateur de la monarchie babylonienne avec Babylone pour capitale. Il fallut plusieurs années de guerre acharnée pour mettre fin à la domination étrangère. Les Elamites furent refoulés dans leurs frontières naturelles et subirent chez eux la loi du vainqueur. Un bloc énorme de diorite trouvé dans les ruines de Suse célèbre le triomphe de ses armes dans une de ces inscriptions en style lyrique qu'affectionnait Khammourabi.

Bien mieux, à Suse vient de revoir le jour un des monuments les plus importants, je ne dis pas de l'histoire élamite, mais de l'histoire universelle : un code de lois gravé sur un prisme de diorite, dont Khammourabi est l'auteur. C'est le droit privé, formulé en sentences claires, brèves qui, au centre des âges, fixa les coutumes antérieures séculaires, et demeura la base de la législation future de ces pays, jusqu'à la ruine de l'Empire. La condition des juges, des officiers publics, l'affermage des terres, l'irrigation, la pâture des troupeaux, l'aménagement des champs en jardins, la pénalité en cas de violences contre hommes et animaux, la navigation, la location d'hommes, d'animaux, d'instruments de culture, le tarif des salaires, l'achat des esclaves, les rapports des esclaves avec leur maître, droit du commerce, lois sur le mariage, sur la condition des femmes, lois sur les successions, sur le brigandage, sur les objets trouvés, etc., tout était prévu et réglé avec sagesse et équité, sur ce monument que par un rare bonheur nous possédons au complet. Il importe peu, après cela, de savoir si Khammourabi a fait sa promulgation en plusieurs exemplaires dont l'un aurait été placé à Suse, comme dans l'un des centres les plus importants du royaume, ou si plus tard un conquérant élamite le charria comme butin de Babylone en Elam, ou si même un roi babylonien, devant les invasions assyriennes mit un jour en sécurité à Suse, en pays allié, les archives juridiques de la monarchie ; il reste qu'avec Khammourabi finit la domination élamite en Basse-Chaldée, qu'il conquit l'Elam ou du moins la Susiane, et que là fut découvert un chef-d'œuvre d'ordre moral et politique qui fait plus honneur à sa mémoire que tout son génie militaire.

Les successeurs de Khammourabi ne maintinrent pas longtemps leur prépondérance en Elam.

*
* *

Nous nous trouvons subitement dans ce pays, en présence de deux groupes de rois indigènes dont le deuxième (nous le savons de manière certaine par un texte-repère) régna peu après 1130 av. J.-C. Par le caractère des écritures, il appert que le premier groupe a précédé à assez grand intervalle, le deuxième, et qu'il n'a pu tarder longtemps après Khammourabi à entrer en scène, avec réaction, semble-t-il, contre l'élément sémite en Elam. La langue des documents change, et c'est uniquement à la langue anzanite que nous avons affaire. La présence d'un élément sémite ne se trahit plus que par quelques termes ou formules empruntés et par des noms de divinités dont le nom survécut. Nous nous trouvons vers 1800 av. J.-C. en face d'un grand fait accompli, la nationalité élamite, avec l'élément anzanite prédominant, restaurée, pleinement affranchie, reconstituée en monarchie puissante avec Suse pour capitale.

Le premier groupe de rois comprend :

Khoumbanoummena et son fils
Ountach-GAL

De Khoumbanoummena, si souvent mentionné par son successeur, nous ne possédons qu'une seule brique. Grands monarques tous deux, l'un dût prendre une part importante à l'affranchissement de la patrie élamite, l'autre semble s'être occupé exclusivement de la réorganisation intérieure, des œuvres du culte, de la restauration des sanctuaires ruinés, à la faveur de l'indépendance, de la sécurité et du bien-être assurés par la vaillance de son père.

Les temples construits à Suse, par Ountach-GAL devaient être grandioses, si on en juge par la facture des briques et le bon goût des écritures. En tout cas, le nombre en était considérable. Les principaux titulaires en sont les dieux *Nabou*, *Ichmidiq* et *Roukhouratir*, *Chimout* et *Nin ali*, *Adad* et *Chala*, *Naprate*, *Belala*, *Sin*, le dieu *Très-Grand* et *In Chouchinak*, *Nazit*, *Aïpa Sounkik*, *Pinighir*, *Oubourkoubak*, etc.

On voit par cette liste, que les princes élamites anzanites ne répugnaient point à conserver ou à admettre dans leur panthéon, des divinités sémitiques, et de celles qui n'étaient pour ainsi dire, naturalisées en Babylonie, que depuis Khammourabi.

****

Vers 1680 survint la conquête kassite dont nous ne connaissons pas les épisodes mais qui dut embrasser l'Elam aussi bien que la Babylonie. Son point de départ étant dans le proche voisinage de l'Elam, il est permis de croire que ce pays succomba le premier.

Sous les rois kassites, la langue des monuments de Suse n'est ni le kassite ni l'anzanite. Une importante série de longues pierres ovales servant de bornes-limites et portant des titres de propriété ou des chartes de donation, est rédigée en langue babylonienne. Nous en devons, parmi les divers exemplaires découverts à Suse, aux rois kassites de Babylonie et d'Elam.

Nazi Marouttach, vers 1330.
Bitiliach, vers 1320.
Adad choum outsour, 1174-1145.
Melichikhou, 1144-1130.

Il est impossible de dire jusqu'à quel point fut effective en dehors de la Susiane, sur l'Elam cette domination étrangère. Il semble bien que l'arrière-pays ait conservé entre temps quelques princes locaux dont les incursions inquiétaient fort les rois de Babylone et qui finalement secouèrent leur joug et les refoulèrent chez eux. Cet arrière-pays ne pouvait être que l'ancien pays d'Anzan ; d'où à chaque restauration à Suse, réaction anzanite aux dépens de l'élément sémite.

En effet, peu après les règnes de Melichikhou

et Mardouk-bal-iddin (1144-1117) l'Elam avait reconquis son indépendance.

***

C'est ici qu'il faut placer le deuxième groupe de rois élamites dont nous avons parlé plus haut (l'un d'eux en effet raconte qu'il a transporté à Suse une stèle du roi Melichikhou qui par le fait même ne pouvait être que son contemporain ou son prédécesseur) :

Khalloutouch In Chouchinak et son fils,
Choutrouk Nakhkhounte et son fils,
Koutir Nakhkhounte et son frère,
Chilkhak In Chouchinak et son fils,
Khouteloudouch In Chouchinak et son frère,
Chilkhana khamrou Lagamar.

A l'aspect de cette liste, on saisit immédiatement le mode de succession au trône usité en Elam. C'est au frère du roi défunt qu'échoit d'abord le sceptre, et à son défaut, au fils ; coutume qui remonte aux origines de la monarchie puisque nous trouvons plus haut les patési-frères :

Kouk Kirpiach,
Temti Khalki,
Atta pakchou, et peut-être.
Kouri Gougou,

tous fils de « la sœur de Silkhakha »).

7.

Nous ne savons rien de Khalloutouch In Chou-chinak. On peut présumer qu'il amorça l'expulsion des Kassites hors d'Elam. Son fils Choutrouk-Nakh-khounte l'acheva. C'est lui le vrai roi guerrier. Dans tel fragment de ses stèles, il parle de centaines de villes qu'il a soumises. Enlever de Sippar en Baby-lonie septentrionale la stèle de Naram-Sin, de Kich ou ailleurs celle de Man ichtousou, du pays de Ka-rin… celle de Melichikhou, etc., suppose autre chose qu'une promenade pacifique dans les pays voisins!

Les guerres, dont nous ne savons encore rien, profitent déjà plus au progrès de notre science que cent formules votives de briques de construction qu'il aurait pu nous laisser.

Béni soit en effet le grand roi Choutrouk-Nakh-khounte qui a fait de Suse non seulement le centre des archives élamites mais encore des archives babyloniennes! Grâce à son heureuse manie de collectionner, en les centralisant dans sa capitale, tous les monuments antiques qu'il découvrait, en temps de paix et dans ses guerres, tant en Elam qu'à l'étranger, grâce à lui, dis-je, les ruines de Suse sont de tous les champs d'exploration histo-rique, le plus fécond et le plus intéressant.

Il ne faudrait point croire cependant, que le goût du pillage ou je ne sait quelle superstition plutôt qu'un souci pieux et un vrai respect des choses antiques fût le seul mobile de cette conduite; sinon, pourquoi Choutrouk-Nakhkhounte aurait-il agi de la même manière et pour les stèles de Ountach-GAL son illustre prédécesseur et congénère, et pour les stèles de Man ichtousou, Naram Sin et Melichi-khou, qui étaient des étrangers et des ennemis en Elam ?

Nous avons de Koutir-Nakhkhounte des textes anzanites et deux légendes sémitiques, relatifs à sa statue et à des constructions de sanctuaires. Il dut régner peu de temps.

Comme Ountach GAL, qui cueillit dans la paix les fruits des victoires de Khoumbanummena, ainsi fit Chilkhak In Chouchinak succédant au roi conquérant Choutrouk Nakhkhounte, après un court intervalle. C'est le type des rois bâtisseurs. Il a reconstruit, dit-il dans une de ses stèles, en divers lieux, à divers dieux, plus de vingt temples. A Suse, il relève tous les vieux sanctuaires que la piété des patésis avait multipliés, deux mille ans auparavant. Et comme notre roi *pariétaire* respecte le souvenir de ses ancêtres ! Il ne gravera jamais son nom sur un mur reconstruit, qu'il ne mentionne du même coup, le premier fondateur. Bien mieux, il transcrit mot pour mot le vieux texte commémoratif de langue sémitique, que nous possédons déjà, et y ajoute ensuite le sien, de langue anzanite, (ce qui nous donne à 2000 ans d'intervalle deux éditions du premier texte).

En sens inverse, il professe une piété pareille et un égal esprit de famille. A toutes ses entreprises, il associe *Nakhkhounte Outou* sa femme bien-aimée, et, dans les cas plus solennels, tous les siens dont voici la longue énumération :

> *Khouteleloudouch In Chouchinak*, fils aîné qui succède à son père,
> une fille *Ichni qarabba*,
> une fille *Ouroutouk El khalakhou* ;
> *Chilkhana khamrou Lagamar*, qui succède au frère aîné sur le trône,
> *Koutir Khouban*,
> une fille *Outou ekhikhi Pinighir*,
> *Temti tourqatouch*,
> *Lili irtouch*,
> et une fille *Par Ou*.

C'est le siècle littéraire par excellence de la monarchie élamite. Les stèles abondent, les briques gravées et estampillées, les pommeaux couverts de dédicaces, reliefs et colonnes de bronze avec inscriptions, mille documents sortent à l'envi de sous terre !

Des deux successeurs de Chilkhak In Chouchinak, ses fils Khouteloudouch In Chouchinak et Chilkhana khamrou Lagamar nous ne savons encore rien, sinon, par une allusion d'un roi postérieur, que l'un et l'autre ont construit des monuments.

*
* *

Notre liste des Choutroukides s'arrête ici; une lacune assez importante s'ouvre devant nous, car les inscriptions qui suivent accusent une telle déformation de l'écriture qu'il est impossible de les ranger immédiatement sans intervalle après le groupe de rois qui vient de nous occuper. Comme, d'autre part, les rois élamites qui eurent affaire aux Sargonides d'Assyrie nous sont connus par les inscriptions assyriennes, jusqu'à la ruine de Suse par Assurbanipal (668-626, 8ᵉ campagne), nous nous trouvons contraints de placer immédiatement avant les Sargonides d'Assyrie (727) les rois nouveaux suivants :

Khouban père de
Khalloutouch Chouchinak,
Chilkhak Chouchinak père de
Tepti Khouban frère de
..... *Chouchinak,*
Tepti Akhar,
Chouchinak char ilâni,
Khoubanimmena père de
Choutour Nakhkhounte frère de
Choutrouk Nakhkhounte.

Tous ces rois ont construit des monuments à Suse et c'est par la légende de leurs briques que nous les connaissons. Jusqu'à Tepti Akhar, ils emploient la langue anzanite. Tepti Akhar et Chouchinak char ilâni rédigent en sémitique; ce dernier relève un temple du vieux patési Tepti Khalki.

De cette époque tout un lot de tablettes en langue sémitique nous arrive aussi d'Elam L'écriture est en tout pareille à celle des textes de Tepti-Akhar et Chouchinak Char ilâni. L'étude en est des plus intéressantes, bien qu'il ne s'agisse que de pièces de comptabilité. On est étonné d'y voir les femmes contracter, servir de témoins en masse; des sanctions sévères comme de couper langue et mains à qui contesterait la validité des actes juridiquement rédigés. Le fond et la forme tiennent du droit babylonien, sauf quelques particularités.

C'est à une époque encore plus basse qu'il faut assigner un autre lot considérable de tablettes de comptabilité, trouvées à Suse. La rédaction en est anzanite. Leur déchiffrement fournira une contribution des plus importantes au vocabulaire à peine commencé de la langue anzanite.

Choutour Nakhkhounte se distingue entre tous les nouveaux rois par des goûts plus grandioses. Il fit tailler des colosses d'albâtre en forme de bélier dont nous possédons deux cornes et un fragment. Ces cornes portent précisément le texte votif (en style anzanite) d'où nous tirons ces notions.

Un autre fils de Khoubanimmena nommé Choutrouk Nakhkhounte pourrait bien être identique au précédent, malgré la légère différence des noms. Il reconstruit des monuments qu'il attribue à Khoumbanoummeña, Khouteloudouch In Chou-chinak, Chilkhana khamrou Laqamar, le premier probablement père de Ountach GAL, les deux autres fils de Chilkhak.In Chouchinak.

S'il n'y a pas identité entre Choutour Nakhkhounte et Choutrouk Nakhkhounte, nous avons un nouvel exemple de la succession de deux frères sur le trône, comme il arrive d'ailleurs aussi dans ce même groupe pour Tepti Khouban et... Chouchinak, tous deux fils de Chilkhak Chouchinak.

*
* *

L'époque des Sargonides ne fut propice à aucun genre de littérature en Elam. Ce fut une série de guerres incessantes entre l'Elam, ou l'Elam et la Babylonie d'une part et l'Assyrie de l'autre. Enne-mis héréditaires des Babyloniens, nos Elamites devinrent leurs alliés, le jour où la puissance nini-vite menaça en commun les uns et les autres. Les annales assyriennes nous renseignent amplement, mais avec partialité, sur les péripéties de cette lutte gigantesque où Suse devait périr dans la huitième campagne d'Assurbanipal, en attendant que l'As-syrie elle-même disparût peu après de la carte des nations, sous les coups des Mèdes.

*
* *

La Babylonie avait succombé avec l'Elam sous les armes victorieuses d'Assurbanipal, mais pour un temps seulement. Nabopolassar, Chaldéen au service de l'Assyrie rompit avec elle, et fonda le nouvel empire babylonien. Les Elamites, de gré ou de force, acceptèrent cette nouvelle domination. Il semble que, affaiblis à l'extrême par des luttes intestines et des guerres séculaires, ils n'eussent plus la force de revendiquer une part d'indépendance.

Aussi bien Nabuchodonosor, dont un barillet vient d'être retrouvé à Suse, ne considérait-il l'Elam que comme une province babylonienne. Cependant se montrait déjà aux frontières un flot de peuples nouveaux commandés par Cyrus, où furent submergés Elamites, Anzanites, Babyloniens (529 av. J.-C).

*
* *

Suse eut encore comme un renouveau de prospérité sous les Achéménides et sous les Séleucides. Ses ruines en témoignent par ce qu'elles ont livré autrefois de monuments perses et tout récemment d'inscriptions grecques. Mais notre rôle s'arrête à cette limite, puisque dorénavant il ne saurait plus être question du vaillant rival de Babylone et Ninive, du grand empire d'ELAM ».

VIII

La Délégation du Ministère de l'Instruction publique n'a pas seulement pour but de fouiller à
Suse, j'ai expliqué plus haut comment j'avais été
amené à choisir ce site pour le début de nos tra·
vaux. Elle a mission d'étudier tout le sol de l'empire persan et d'y pratiquer des recherches sur
tous les points qui présentent de l'intérêt. Il était
donc nécessaire que la Délégation visitât la Perse
dans ses moindres détails.

L'Iran est un pays fort peu connu, tant au point
de vue géographique qu'à celui des diverses
branches de la science ; il était rationnel qu'en le
parcourant en archéologues nous le visitions aussi
en naturalistes.

J'avais prévu ce côté de nos études avant mon
départ de France et pris avec moi le petit bagage nécessaire aux recherches d'histoire naturelle. Sans cesser d'attacher à l'Archéologie le

principal intérêt de nos voyages, nous avons recueilli des collections importantes qui se complètent chaque année. Le jour viendra où nous serons à même de publier la faune, la flore et la géologie de la Perse.

L'été de 1898 fut consacré à un voyage dans les montagnes de Baktyaris et à Ispahan. J'avais rendez-vous dans cette dernière ville avec notre chargé d'affaires à Téhéran, le Comte d'Arlot de Saint-Saud.

La construction du château nous avait retenus à Suse jusqu'au 18 juin, malgré les chaleurs qui atteignirent parfois jusqu'à 57° à l'ombre.

Voyageant de nuit nous arrivâmes à Chouster en trois jours; là je dus m'arrêter quelque peu pour prendre des provisions, renvoyer mon général ivrogne qui n'était plus supportable, et faire régler quelques affaires avec le gouverneur de la province.

La rive droite du Karoun était la route choisie pour nous rendre à Ispahan, tandis que nous comptions redescendre par la rive gauche.

La ville de Chouster, célèbre par les vastes constructions que Sapor y fit élever par les soldats prisonniers de Valérien, s'élève sur les collines d'alluvions cail. louteuses qui bordent, à gauche, le Karoun. Prise par les musulmans dès les débuts de la conquête, après un siège mémorable, elle devint le siège du gouvernement de la province. C'est dans son château, construit jadis par les Sassanides, que résidait le gouverneur dont j'avais eu tant à me plaindre. Je me dispensai d'entrer en relations personnelles avec ce personnage et m'enfonçai dans les montagnes.

Voyage de 1898. La caravane de la Délégation traversant à gué la rivière de Bazouft au pays des Baktyaris.

Près de Chouster, en aval de la ville, sur la rive droite du fleuve, est un tell important, d'une antiquité très reculée ; plus haut, dans les vallées qui précèdent les montagnes, sont encore des ruines qui mériteraient d'être explorées.

Au delà, jusqu'au plateau persan, on ne rencontre plus dans les vallées que de petites buttes artificielles sans importance et des ruines de basse époque. Ces pays semblent avoir toujours été habités par des nomades.

Le massif montagneux que traverse le Karoun est des plus importants de la Perse ; son sommet principal le Zerd-è-Kouh, couvert de neiges éternelles, dépasse 5.000 mètres d'altitude.

On ne parvient pas au Zerd-è-Kouh sans avoir franchi un grand nombre de montagnes, plis abrupts, très réguliers dans leur direction, semblables aux vagues d'un gigantesque océan.

Les couches géologiques, toutes sédimentaires, se présentent en grandes ondulations coupées entre les divers plis par des vallées plus ou moins larges que sillonnent les torrentueux affluents du Kâroun.

Vers la plaine, au-dessous des alluvions caillouteuses, apparaissaient les couches tertiaires avec leurs puissantes assises gypseuses. Dans cette région les eaux sont amères ; plus haut viennent les sédiments secondaires parfois riches en fossiles et spécialement en *Rudistes*.

La faune entomologique, dans ces montagnes, est d'une grande richesse ; nos récoltes furent abondantes. Je n'en dirai pas autant de la faune conchyliologique dont la pauvreté est extrême. Quelques héliciens, de rares *Bulimes* et des *Pupa*, sont les seuls mollusques terrestres de la région ; les espèces lacustres au contraire sont nombreuses et variées. Les *Melanopsis* et les *Melania* habitent les ruisseaux jusqu'à 500 mètres environ d'altitude et, par leur présence, rattachent la Susiane aux Indes ; plus haut ces genres sont remplacés par la *Lymnée* et le *Planorbe*, mollusque de type européen.

Le pays que nous traversions est l'un des plus pittoresques qu'on puisse voir, par l'aspect grandiose de ses montagnes et de ses défilés ; des forêts de chênes vert clair, semées sur les hauteurs, très denses dans les vallées, couvrent ce chaos dans lequel nous avons souvent marché huit jours sans rencontrer un seul habitant. Çà et là, des moufflons, des sangliers, voire même des ours montraient leur silhouette. Dans les rochers, la nuit les chacals, les hyènes, les loups venaient rôder autour de notre camp.

Les chaleurs étaient grandes, mais les eaux fraîches et limpides, et l'ombre des forêts délicieuse ; notre temps se partageait entre l'étude du pays, la peinture, la chasse et la pêche. Nos caisses se remplissaient de collections et nous faisions, entre autres, des pêches à faire rêver nos amateurs de l'Europe.

La chasse et la pêche n'étaient pas seulement une agréable distraction ; c'est d'elles que nous tirions nos plus grandes ressources, car le pays inhabité ne fournit au voyageur aucune provision.

Les chemins, sentiers où les chèvres seules s'aventurent sans crainte, ne servent aux nomades que lors de leurs migrations ; ils m'ont coûté quatorze chevaux et mulets qui s'y cassèrent les jambes ou tombèrent dans les précipices. Malgré cela notre

Voyage de 1898 au Baktyaris. Un passage difficile dans la vallée du Kâroun près de Kamen Noghra.

voyage se continua sans que nous eussions perdu de bagages, car j'avais eu soin de prendre avec moi un plus grand nombre de bêtes de somme qu'il n'était nécessaire.

Dans cette région, deux grandes vallées sont

particulièrement intéressantes : celle de Chirin-bar et celle de Bazouft.

De hauts sommets neigeux forment un cirque autour de Chirin-bar, les pentes des montagnes entrecoupées de falaises et de ravins profonds sont boisés de chênes verts. Dans la vallée elle-même une rivière aux eaux glaciales, limpides

Voyage de 1898. Ascension du Zèrd-è-Kouh (Alt. 5.000ᵐ environ) au pays des Baktyaris.

comme le cristal, coule au milieu de la verdure des saules, les clairières sont les plus gras pâturages de toute la Perse. Là nous avons campé sur le bord de l'eau et nous nous sommes reposés pendant plusieurs jours des rudes chemins que nous venions de suivre. La disette nous chassa et la seconde grande halte fut pour Bazouft, large vallée située au pied occidental du Zerd-è-Kouh, dont la fraîcheur nous retint huit jours environ.

L'ascension de la grande montagne n'est pas possible de ce côté, le passage se trouvant défendu par des falaises dépassant 500 mètres de hauteur ; force nous fut de contourner ce massif, de gagner les pâturages et la neige et de redescendre pour nous arrêter à l'ouest au pied du Zerd-è-Kouh.

Voyage de 1898. Le camp de la Délégation à Tchakhor au pays des Baktyaris.

Les nomades se trouvaient alors dans leurs stations d'été : les troupeaux, les tentes noires, le gazon et la neige, voilà ce qui couvrait les hauteurs entre trois et quatre mille mètres ; dès lors nous trouvions partout des ravitaillements.

La visite du Zerd-è-Kouh terminée, notre chemin vers Ispahan nous conduisait au travers du haut pays des Baktyaris, région déboisée, fertile et couverte de villages.

Je ne dirai rien d'Ispahan; l'on y voit encore des merveilles d'architecture polychrome. Mais que serait ma description après celle de Chardin qui vit cette capitale au temps où la cour de Chah-Abbas en faisait l'une des plus brillantes cités du monde?

Durant notre séjour dans cette province nous avions tout le temps de visiter les environs de la ville. Sur la route de Kachan, nous passions deux semaines environ à l'exploration de gisements fossilifères fort riches, appartenant aux étages lutétien, albien et permien.

Le retour d'Ispahan en Susiane se fit, je l'ai dit, par la rive gauche du Karoun, pays non moins pittoresque que celui traversé sur la rive droite du fleuve et plus intéressant, car il servit toujours de voie de communication entre la Susiane et le plateau.

Le Karoun traverse normalement presque toutes les chaînes montagneuses, coupant des rochers à pic de centaines de mètres de hauteur, creusant des défilés profonds, tombant en cascade d'une vallée dans l'autre. Ce pays est parfois d'une effrayante beauté; c'est entre des précipices qu'avançait notre caravane.

En aval du lieu dit Do-poulan (les deux ponts)

affleurent des couches crétacées renfermant ce curieux foraminifère la *Loftusia* qui atteint parfois
75 millimètres de longueur. Plus loin apparaissent
les *Rudistes* dans les genres *Radiolites* et *Bira-
diolites*. Ces intéressants fossiles sont aujourd'hui
décrits dans un beau mémoire que publie en ce
moment M. Henri Douvillé, notre savant professeur de paléontologie à l'École des Mines de
Paris.

C'est plus bas, sur le cours du Kâroun, que commencent les sites antiques; le premier que nous ren-
contrions est Dehidès où des tells, situés dans
une large vallée, renferment principalement les
vestiges des civilisations grecque et parthe. De
beaux bronzes furent jadis trouvés à Dehidès, mais
ils ont été mis dans le commerce par le frère du
Vahli des Baktyaris.

Plus au sud est Mal-Émir, localité célèbre qui,
aux temps élamites, formait le centre d'une principauté spéciale; les tells sont vastes et riches. Le
Musée Britannique possède une petite série de tablettes, en langue élamite anzanite qui provient
de ces ruines où Loftus, je crois, les trouva jadis.

Deux localités de Mal-Émir sont plus particulièrement dignes d'intérêt : elles portent dans le
pays les noms de *Koul-i-Faraoun* et de *Chikaftéh-
Salman*. Toutes deux renferment d'importants bas-
reliefs rupestres dont nous fîmes les estampages

qui figurent aujourd'hui dans nos collections sous forme de moulages en plâtre.

Entre Mal-Émir et la plaine sont de nombreuses ruines de villes sassanides dont quelques-unes fort bien conservées. Là recommencent les gypses et avec eux les eaux salées. Nous traversions des montagnes qui s'abaissent peu à peu vers la plaine susienne, et, cinq mois et demi après notre départ de Suse, nous nous retrouvions à Chouster.

M. G. Lampre nous quitta là, pour aller jusqu'à Nasseri attendre le R. P. Scheil et M. E. André qui venaient passer l'hiver avec nous.

Le second voyage d'été (1899) se fit d'un tout autre côté ; c'est le Poucht-è-Kouh qui reçut notre visite dans ses belles montagnes verdoyantes ; le Vahli nous accueillit à merveille et, pendant deux mois, nous parcourûmes son pays.

J'avais, dix ans auparavant, visité le Poucht-è-Kouh et j'y avais découvert des gisements fossilifères du plus haut intérêt ; je résolus, pour cette fois, de les explorer avec méthode et d'en rapporter la faune aussi complète que possible.

Les couches les plus anciennes qui apparaissent au sommet des anticlinaux appartiennent au terrain aptien et sont caractérisées par plusieurs espèces d'*Acanthoceras* et des échinides (Hypsaster, Epiaster, etc.) ; au-dessus viennent successivement le vraconnien et le cénomanien, très riche lui aussi en *Ammonites, turrilites,* etc., puis le crétacé supérieur représenté par des marnes, des argiles et des calcaires; ces couches sont d'une extraordinaire richesse en fossiles et spécialement en échinides.

Lorsqu'en 1891 j'avais rapporté les fruits de mes premières recherches au Poucht-è-Kouh, nos savants paléontologistes, MM. Cotteau et Gauthier avaient, de suite, publié la faune des échinides, quarante-huit espèces inédites et treize genres nouveaux. Nos découvertes de 1899 augmenteront sensiblement le nombre de cette faune.

Malheureusement la mort est venue nous enlever notre savant ami M. Cotteau, en sorte que c'est M. Gauthier qui, sous peu, donnera dans un mémoire le résultat de nos dernières recherches.

Pendant que nous explorions les gisements fossilifères, nos collections entomologiques et conchyliologiques s'enrichissaient, elles aussi, principalement au pays des Kialhours, sur la route de Kirmanchah, où la faune comme la flore sont d'un grand intérêt.

Kirmanchah, Bisoutoun et Hamadan nous retinrent deux mois environ : les bas-reliefs sassanides de Chosroes à Tagh-i-Bostan, les stèles achéménides de l'Elvend, furent soigneusement estampés et les recherches d'histoire naturelle continuées avec entrain.

Notre voyage n'était encore qu'à son début, car

j'avais formé le projet de rentrer à Suse par Bagdad et la Mésopotamie; il était nécessaire, en effet,
que nous connussions ces pays qui, pendant des
milliers d'années, avaient été en rapports constants
avec la Susiane, qui avaient vécu de la même vie,
été gouvernés souvent par les mêmes souverains
et lutté contre les mêmes adversaires.

C'est à Hamadan que vint me rejoindre M. G.
Lampre qu'au printemps j'avais envoyé en mission
spéciale de Suse à Téhéran, qu'arriva aussi M. E.
André que j'avais chargé de travaux à Chiráz et à
Ispahan.

Nous trouvant au complet, nous quittions Hamadan pour gagner Bagdad par Kirmanchah, Kasr-è-
Chirin et Khanéghin. Là, grâce à l'aimable assis-
tance de notre ambassadeur, M. Constans, et de
S. E. Hamdi-Bey, directeur du Musée de Constantinople, nous étions reçus de la façon la plus gracieuse par les autorités turques.

A Bagdad, notre consul M. G. Rouet et Monsei-
gneur Altmeyer, archevêque de Babylone, nous accueillirent de la manière la plus amicale. M. Rouet
nous accompagna même dans tout notre voyage au
travers de la Chaldée.

L'itinéraire suivi fut très instructif; il nous permit de visiter les sites les plus importants et
d'étudier cette région si curieuse par ce qu'elle
était jadis et ce qu'elle est aujourd'hui.

Le barrage de l'Euphrate à Nasséri fut notre première étape; là nous vîmes un œuvre considérable qui, bien que moderne, sera sûrement, dans des milliers d'années, attribuée au roi Nabuchodonosor d'après les estampilles que portent les matériaux. C'est, en effet, la tour dite de Babel qui a fait tous les frais de ces constructions, de même qu'en Égypte le temple d'Erment et tant d'autres ont servi de carrières pour les usines à sucre.

A Babylone ce sont les Allemands qui fouillent; un architecte et archéologue distingué, M. Koldeway, dirige les travaux dont le but est de retrouver les fortifications babyloniennes. Le militarisme allemand s'étend jusqu'à l'archéologie; nous n'avons pas à nous en plaindre, car ces recherches, bien dirigées, amènent des résultats que sûrement nous n'aurions pas cherchés nous-mêmes.

De Babylone-Hilleh, nous nous rendons par Divanieh à Niffer où, depuis bientôt vingt ans, les Américains font de grands travaux. Nippour a déjà fourni un grand nombre de documents, nous voyons là un Zigourat presque entier, dégagé par les fouilles de M. Hynes.

En quittant Niffer nous marchons directement sur Chatra, petite ville du Chatt-el-Haï. Cette traversée du désert chaldéen est chose fort curieuse; ça et là des tells antiques coupent l'uniformité absolue de l'horizon, de petites dénivellations indiquent l'emplacement des anciens villages; des centaines de canaux arrosaient autrefois cette plaine aujourd'hui desséchée.

Dans l'antiquité, les marais étaient beaucoup plus vastes qu'aujourd'hui; on distingue aisément leur surface par les Anodontes et les Unios encore piqués dans la vase durcie, les cultures ne les ayant pas dérangées de leur position normale.

Des dunes de sable arrêtent quelque peu notre marche, les guides ont peine à se reconnaître au milieu des broussailles de tamaris et des sables. Nous nous perdons; trente-six heures nous restons sans eau; enfin, le second jour, après avoir abreuvé nos bêtes à de mauvais puits d'eau saumâtre, nous atteignons le Chatt-el-Haï.

Chemin faisant, nous avons vu un tell fort curieux, nommé Yokha, restes d'une ville détruite jadis par Naram Sin, et qui, depuis cinq mille ans, ne s'est pas relevée de ses ruines.

C'est un amas de cendres fines que les dunes recouvrent en partie, le sol est jonché de débris de poterie archaïque, de silex travaillés. Aucun fragment de céramique émaillée ou de verre; çà et là quelques morceaux de tablettes remontant à l'époque de la IIe dynastie d'Our.

Ce tell est l'un de ceux qui m'ont le plus frappé en Chaldée, tout ce qu'il renferme remonte aux temps les plus reculés. Depuis la ruine de la ville, les canaux ayant été coupés, jamais personne n'a vécu sur ces décombres. En grattant le sol du pied nous touchions les murailles de ces édifices si anciens. Quelles fouilles intéressantes on ferait en ce lieu!

Nous quittons ensuite Chatra pour Telloh, champ de bataille du regretté M. de Sarzec. Telloh a enrichi les salles du Louvre de monuments très archaïques. Nous visitons les fouilles, pour le moment abandonnées, et les ruines du palais d'Our Nina.

Entre Telloh et Amara sur le Tigre, la route n'est jamais parcourue; nous la tentons. Des marais très vastes nous rejettent vers l'Est, puis, reprenant notre direction, nous traversons une plaine immense d'une horizontalité parfaite, sol d'un ancien lac desséché. Sur le pourtour de cette plaine s'élèvent des tells accompagnés de leurs canaux antiques et, phénomènes de conservation plus curieux encore, nous voyons clairement les rectangles des cultures; il est juste de dire que ces villes furent habitées jusqu'au début de notre ère ainsi que nous en pouvons juger par les poteries vernissées dont les fragments couvrent les buttes.

Une mosquée célèbre, tombe du Seïd Akhmed-el-Roufaï nous arrête pour la nuit; puis nous franchissons les territoires marécageux des Abou Dorradj et enfin nous parvenons à Amara.

J'avais formé le projet d'aller passer quinze jours environ à Suse avant de rentrer en Europe, mais voilà que la peste s'étant déclarée dans le pays je devais, de son fait, éprouver de grands retards dans mon voyage ; je résolus donc de continuer ma route par la Turquie.

M. Jéquier nous avait quitté à Hamadan pour rentrer en Europe. Il ne restait donc que MM. Lampre et André ; tous deux gagnèrent Suse en quatre jours, prenant avec eux tout notre matériel de cam-

Voyage de 1899. État actuel des ruines de Ktésiphon. (Dessin de l'auteur.)

pement et notre écurie ; l'autre partie de l'expédition composée de Mme Lampre, de notre consul M. Rouet et de moi-même, rentra à Bagdad, après dix jours de quarantaine sur la berge du fleuve. Ce voyage nous permit de visiter les ruines de Ctesiphon et l'arc colossal de Chosroès bien mutilé, il est vrai, car, il y a peu d'années, un pacha a fait démolir toute l'aile gauche pour construire une école.

Mme Lampre devait prendre le bateau pour rentrer en France; mais, effrayée des quarantaines dont nous venions d'avoir un échantillon fort désobligeant, elle se décida à prendre avec moi la route de la Syrie.

De Bagdad à Damas le trajet à cheval est de vingt-cinq jours, sans routes comme de juste; il est, en longueur, de 1.200 kilomètres environ.

En sortant de la capitale des Khalifes, on va passer l'Euphrate à Féloudjah; puis c'est sur la rive droite de l'Euphrate qu'on remonte jusqu'à Deïr-el-Zor, petite ville située à dix jours de Damas.

Le voyage sur la rive du fleuve est extrêmement monotone, mais ne manque pas d'intérêt par les ruines que l'on rencontre fréquemment. La petite bourgade de Hitt, entourée de ses gisements de bitume qui, dans l'antiquité, approvisionnèrent toute la Chaldée, puis les îles dont Ammien Marcellin nous décrit les forteresses dans son récit de l'expédition romaine contre Sapor. Enfin, les ruines de Circesium au confluent du Khabour et de l'Euphrate. C'est de là que partit l'armée de Julien II dans sa marche contre les Perses.

Les deux rives du fleuve sont garnies de châteaux romains élevés jadis par les légions pour garder, du côté de la Perse, les frontières de l'empire. Quelques tells, dans les boucles du fleuve, signalent l'emplacement d'antiques cités chaldéennes.

L'Euphrate est bien certainement le fleuve le plus triste que je connaisse : il coule sans bruit entre deux rangées de falaises basses ; dans cette étroite vallée quelques rares îlots de verdure signalent l'approche de pauvres villages, dont les habitants ne sont pas plus bruyants que leur fleuve ; puis, à perte de vue sur les deux rives de l'Euphrate, s'étend le désert sans eau, sans végétation, où, de loin en loin, courent des troupes de gazelles.

C'est dans ces immenses solitudes qu'il y a 1.500 ans, les soldats de Julien chassèrent l'autruche ; aujourd'hui ces grands oiseaux ont complètement disparu.

La police est bien faite dans cette région : de 40 en 40 kilomètres on rencontre des postes de zaptiehs ou gendarmes turcs qui maintiennent la population fort peu civilisée de ce pays désolé.

A partir de Déir-el-Zor on tourne au sud-ouest pour gagner Palmyre ; la route se fait dans un désert ondulé. Çà et là sont des postes de zaptiehs où l'on s'arrête pour camper. Quelques sources sulfureuses ont permis l'établissement de petits villages au milieu de minuscules oasis.

Toutes ces sources ont leurs stations d'époque préhistorique, quelques buttes et une foule de silex taillés répandus sur le sol. Dans le désert même, au milieu des cailloux roulés du diluvium,

on trouve en grand nombre les instruments chel-
léens.

La ville de Zénobie a été cent fois décrite, elle
appartient aux pays visités par les touristes, je n'en
dirai rien ; cinq jours la séparent de Damas où le
chemin de fer vous prend pour vous amener à
Beyrouth.

Avant d'avoir fait ce voyage, je ne me formais
aucune idée de la stérilité absolue des pays qui
séparent la Syrie de la Chaldée. Le désert n'a pas
changé d'aspect depuis la haute antiquité ; quant à
la vallée de l'Euphrate elle ne semble pas avoir
été jadis plus florissante qu'aujourd'hui ; elle constituait le grand chemin pour les armées, et les
ruines ne sont que les vestiges de places fortes, de
postes avancés, importants seulement au point de
vue stratégique.

Les Sémites, en remontant de Chaldée vers le
haut Tigre avaient choisi le seul pays habitable en
dehors de la Babylonie et de l'Elam. Kalach, El-
Assar et Ninive n'auraient pas trouvé sur l'Euphrate
les ressources nécessaires à leur développement.

En 1901, notre voyage d'été se fit dans une tout
autre région. J'avais depuis longtemps projeté de
continuer dans les montagnes Caspiennes, sur le
territoire persan, les fouilles qu'en 1890 j'avais opé-
rées sur le territoire russe du Tâlyche.

Le Louristan était comme toujours livré au bri-

gandage ; force nous fut de traverser une fois encore
le Poucht-è-Kouh pour gagner Hamadan, et 45 jours
après notre départ de Suse, nous campions sur les
bords de la mer Caspienne après avoir rapidement traversé Hamadan, Zendjan et Ardebil.

Le Talyche et le Ghilan sont bien certainement à
ranger dans les plus beaux pays de la Perse ; d'immenses forêts couvrent tout le versant septentrio-
nal de la Chame ; la côte basse, très marécageuse,
est coupée de rizières.

« Si tu veux mourir va au Ghilan », dit un pro-
verbe persan, ces plaines basses étant, en effet, l'un
des pays les plus malsains du monde ; aussi me gar-
dais-je bien d'y demeurer et dès que mon frère,
M. Henri de Morgan, qui devait venir me rejoindre
avec sa femme, fut arrivé à Astara, la Délégation
gagna les hauteurs afin d'éviter les miasmes pesti-
lentiels.

En 1890 j'avais découvert au Lenkorân de vastes
nécropoles de l'âge du bronze, mes recherches
s'étaient avancées jusqu'aux environs de l'Astara-
tchaï, frontière entre la Russie et la Perse. C'est à
partir de l'Astara-tchaï que nous reprîmes les inves-
tigations.

Ce pays est admirablement beau par le chaos de
ses montagnes et par l'épaisseur de la végétation
qui les couvre. Mais ces forêts ne sont guère favorables aux recherches des nécropoles. Quoi qu'il en

soit, quelques-unes furent découvertes et fouillées et, peu à peu, nous fûmes amenés à gagner les grandes hauteurs déboisées et le plateau.

Aux environs de Namin et sur toute la crête jusqu'aux montagnes du Ghilan, les découvertes furent d'un grand intérêt. Nous n'avions plus affaire là à de petits cimetières d'habitants des bois, mais bien à de vastes nécropoles composées de dolmens, situées généralement à proximite des ruines d'une ville, citadelle faite de quartiers énormes de rochers.

Ce pays au temps d'Hérodote était celui des Caspiens, peuples belliqueux qui figuraient à la grande revue que passa le Roi des rois sur les rives du Bosphore. A l'époque de Strabon les Caspiens avaient déjà disparu de l'histoire. Mais antérieurement à Hérodote ils constituaient une véritable nation ; leurs dolmens nous ont fourni des cylindres chaldéens ; au Lenkoran j'avais trouvé jadis des oudjahs venant d'Égypte.

Ces intéressantes recherches durèrent tout l'été ; elles furent accompagnées de chasses d'histoire naturelle dans ces montagnes dont la faune semble servir de passage entre l'Europe et les Indes.

Les Calosomes, les Lucanes, les Carabiques rappellent les formes auxquelles nous sommes accoutumés ; il en est de même des *Clausilia*, des *Cyclostoma*, etc... tandis que le *Cyclotus* genre indien vit

sous les feuilles mortes dans ces forêts qui reten-
tissent parfois du grondement du tigre royal.

La limite entre la faune du plateau iranien et
celle du versant caspien est bien tranchée par la
ligne de partage des eaux ; au Nord c'est la végétation la plus exubérante avec ses êtres spéciaux ; au

Voyage de 1901. Ville de Makou près de l'Ararat.

Sud la sécheresse du plateau persan, et les mêmes
espèces vivent d'Ardebil an pied des montagnes
loures.

Nos recherches terminées, la Délégation prit
le chemin de Tauris, puis longeant le nord du lac
d'Ourmiah elle se rendit à Koï, à Makou et à l'A-
rarat.

Makou est bien certainement l'un des points les plus curieux du nord de la Perse. Les vallées profondes creusées par les eaux descendant de l'Ararat sont riches et fertiles. Sa ville principale, construite sous un vaste abri sous roche de plus de mille mètres de large, défiait autrefois tous les sièges ; l'on y voit encore des remparts construits sur des rochers inacessibles et des inscriptions arméniennes remontant au xe siècle environ.

Voyage de 1901. La Délégation arrivant au pied de l'Ararat.

Ce district semble n'avoir guère été habité dans l'antiquité ; toutes les ruines qu'il nous fut donné de voir datent du Moyen Age.

En remontant ainsi vers le Nord je m'étais proposé d'étudier les gisements d'obsidienne dont je connaissais depuis longtemps l'existence dans le massif de l'Ararat et de l'Alagueuz. Cette substance minérale, que nous rencontrons fréquemment dans les couches préhistoriques de Suse et qui se trouve-

également dans toutes les ruines très anciennes de la Chaldée, est peu commune dans l'Asie Antérieure à l'état naturel.

Mes recherches furent couronnées de succès : je visitai des coulées importantes dans le massif montagneux situé au nord et à l'ouest d'Erivan ; près de chacune d'elles se trouvaient les débris des ateliers de taille. Reste aujourd'hui à étudier les laves au point de vue pétrographique.

Mes voyages de 1886-89 dans le Caucase, la Russie méridionale et la Turquie, ceux de 1889-91 en Perse et dans le golfe Persique, mon long séjour en Égypte (1892-1897) et enfin les déplacements de la Délégation me permettent aujourd'hui de connaître, mieux que personne, l'Asie Antérieure. J'avais autrefois visité les Indes, en sorte qu'il ne me reste plus à parcourir que les pays orientaux de la Perse, c'est-à-dire le Khoraçân, la Carmanie et Schirâz, pour avoir visité toutes les régions qui virent naître les premières civilisations.

Cette connaissance du pays est, à mon sens, indispensable pour celui qui veut bien comprendre l'histoire ancienne de l'Orient. Sur le terrain les documents prennent une grande valeur, les moindres événements politiques, en apparence les plus compliqués, s'expliquent avec facilité par la nature des lieux et je compte bien, si le destin me favorise toujours dans mes voyages, employer plus tard mes années de repos à la rédaction d'un grand travail sur l'histoire ancienne des peuples orientaux.

Ce sujet a été il est vrai traité d'une façon magistrale par nos plus grands savants : Lenormant, Rawlinson, Maspero et tant d'autres; je n'ai pas la prétention de surpasser leurs œuvres mais j'y ajouterai la connaissance des pays où se sont déroulées les origines de nos civilisations.

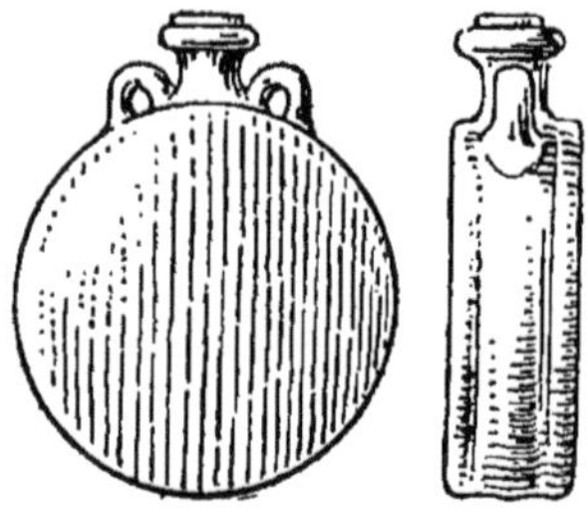

Gourde en terre émaillée d'époque gréco-parthe, fouilles de Suse.

IX

CONCLUSIONS. — AVENIR DES TRAVAUX DE LA DÉLÉGATION.

Mes prévisions au sujet de la richesse de l'Acropole de Suse se sont pleinement réalisées. Les documents épigraphiques et les objets d'art rencontrés jusqu'à ce jour sont extrêmement nombreux. Ils gisent en désordre dans les couches du tell, chaque niveau correspondant à une époque bien déterminée.

Il est impossible de dire, *a priori*, que telle partie des ruines est plus riche que telle autre, car Suse souvent ruinée par les incendies, les révolutions et les guerres, ne nous a pas laissé de monuments complets de l'époque élamite. Après chaque désastre une nouvelle ville s'éleva sur les décombres nivelés de la cité précédente ; là où se trouvait jadis un temple fut construit un palais et les anciens matériaux repris servirent à l'établissement des nouveaux édifices. Chaque mètre cube de cet immense amoncellement de débris présente de l'intérêt, il faut en examiner les terres avec soin et les rejeter au dehors afin de mettre à nu les couches inférieures.

Ces considérations m'ont fait adopter la méthode de travail que nous suivons; le tell de l'Acropole tout entier doit être fouillé, sa superficie est d'environ 7 hectares, sa hauteur moyenne de 35 mètres : c'est donc 2.450.000 mètres cubes que représente le volume qu'il nous faudrait exploiter.

Or sur cette masse nous enlevons chaque année une moyenne de 50.000 mètres cubes; en cinq ans nous avons manié 250.000 mètres cubes de terres. Il reste donc aujourd'hui 2.200.000 mètres cubes, c'est-à-dire une masse nécessitant quarante-quatre ans de travaux, en supposant que nos moyens d'action restent les mêmes que ceux dont nous disposons aujourd'hui.

Je dois faire observer, toutefois, que, l'épaisseur des couches historiques ne dépassant pas 20 mètres, il ne sera pas nécessaire d'enlever la totalité des niveaux préhistoriques dont une exploitation partielle, d'un quart ou d'un cinquième par exemple, semble devoir être suffisante pour nous éclairer sur ces époques où l'homme ne connaissait ni l'écriture, ni les métaux.

Cette considération ramène à vingt ans environ le temps nécessaire pour l'exploration des parties les plus intéressantes du tell de l'Acropole; or les niveaux supérieurs semblent être d'une homogé-

néité parfaite en ce qui concerne leur richesse
en antiquités; nous pouvons donc, sans crainte
d'erreur, estimer au quadruple au moins de ce que
nous avons déjà trouvé les collections qui sortiront
de nos fouilles dans cette partie des ruines de
Suse.

Nous travaillons à l'heure actuelle avec 50 wagons et un certain nombre d'équipes munies de
couffes (paniers). Il serait aisé de porter à 100 le
nombre de nos véhicules et, par suite, de réduire
de moitié le temps nécessaire pour l'achèvement
des travaux à l'Acropole ; l'abondance de la main
d'œuvre dans le pays se prêterait à cette augmen-
tation.

En ce qui concerne la Ville royale que nos
moyens actuels ne nous permettent pas d'attaquer,
nous devons compter sur une épaisseur moyenne
de dix mètres pour les débris d'époque achéménide et des temps postérieurs ; ces couches renferment bien certainement des monuments importants, elles contiennent, entre autres, la nécropole
gréco-parthe. Au-dessous sont les ruines de la
ville anzanite des artisans qui, sans nul doute, renferme, elle aussi, bien des documents curieux.

Mais la Ville royale présente une surface d'environ 60 hectares et un cube de douze millions de
mètres cubes; une semblable masse exigerait plus
de deux siècles de travaux; il ne faudra donc pas

songer à l'exploiter en entier. De larges et profondes tranchées, conduites dans les parties les plus importantes des ruines permettront de rencontrer les murailles des principaux édifices et de les suivre ; c'est dans les grands monuments que se trouveront les objets d'art, les archives et, en somme, les plus importantes découvertes à faire en ce qui concerne l'époque achéménide.

Pour les ruines élamites il faudra une exploitation régulière des couches.

Ce que je viens de dire ne se rapporte qu'aux ruines de la capitale élamite, mais les droits du Gouvernement français s'étendent sur tous les sites antiques de l'Empire persan ; ces ruines sont nombreuses, il ne faudrait cependant pas fonder sur toutes les mêmes espérances. J'indiquerai celles qui me semblent dignes d'appeler l'attention tout d'abord.

En Susiane Tépéh Sindjar, à 10 kilomètres environ au nord de Suse, les ruines qui s'élèvent au sud du Chouster et quelques tells importants des rives de l'Âb-è-Diz et du Karoun semblent avoir été jadis les villes provinciales les plus peuplées de la région.

Au delà de la Kerkha, sur les confins du Poucht-è-Kouh, se trouvait jadis un petit royaume, probablement tributaire de l'Elam ; sa capitale semble avoir été au lieu dit aujourd'hui Tépéh Missiaw.

Ce site est important, ainsi que les ruines voisines de Bayat et de Tépéh-Patak.

Plus au nord, sur le versant occidental des montagnes, aux frontières de la Turquie sont, au dé-
bouché dans la plaine de chaque cours d'eau, des
tells fort anciens qui mériteraient examen ; quelques-uns renferment une quantité énorme d'instruments de pierre.

La vallée de Seïn Mèrrè (haute Kerkha) est elle-
même couverte de ruines ; je citerai spécialement
Derreh-i-Chahr, site de Badaca des auteurs byzantins, de Madaktou des Elamites, leur seconde capitale.

Autour de Khorremâbâd, dans le Louristan,
ville qui, je crois, occupe probablement le site de
Khaïdalou des textes assyriens, sont aussi des
ruines très étendues.

Au nord-est de la Susiane, dans le pays des
Baktyaris, nous avons les localités de Dehidès et
de Mâl-Emir dont j'ai parlé plus haut.

Enfin, sur les rives du golfe Persique, dans la
partie plate qui sépare le rivage du pied des montagnes, s'élevaient jadis une foule de villes dont on
voit encore les restes ; Bender Bouchir, possède
des ruines anzanites.

Au nord du Poucht-è-Kouh, au pied des monts
Zagros, sur la route qui jadis reliait Babylone à
Ecbatane, au pied des passes, est une localité de

premier intérêt ; Anou-banini dans sa stèle de Ser-i-Poul nous dit que ce pays était celui de Batir et que 3000 ans environ avant notre ère il en fit la conquête à la tête de ses armées Louloubi. Ce district est aujourd'hui celui de Zohâb, il est couvert de ruines de toutes les époques bien digne d'appeler l'attention.

Je ne parlerai pas de Chiraz (Persépolis) et de ses environs ; d'Hamadan (Ecbatane), de Bisoutoun (Bagistana), des environs même de Téhéran (Ragae), des nombreuses ruines de la vallée du Zab et des environs du lac d'Ourmiah (Zadracarta). Chacun de ces districts exigerait autant d'explications que l'Elam lui-même, tous mériteraient de grands travaux et fourniraient des documents inattendus. Sans compter l'orient de la Perse, Kirmân, l'ancienne Carmanie, le Khoraçân, Parthie des auteurs antiques et tant d'autres.

Ces immenses richesses archéologiques sont trop considérables pour qu'on puisse les attaquer dans leur ensemble, elles dépassent les forces de l'homme et ne peuvent être explorées qu'avec des ressources colossales et des siècles de travail ; partout on réussira, partout sortiront de terre des merveilles artistiques et scientifiques. La France est en possession du plus beau des champs archéologiques qu'il soit au monde. C'est un grand honneur pour le souverain qui, par amitié, le lui a concédé.

Pour connaître l'histoire d'un pays il ne suffit pas de déchiffrer ses annales, il faut aussi pénétrer dans la vie intime de ses habitants, étudier leur langue, analyser leur sol, observer le climat de leur patrie, examiner les êtres que la nature y fait vivre. C'est encore là le but de notre Délégation. A côté des recherches archéologiques nous devons étudier la Perse à tous les points de vue scientifiques, afin de pouvoir résoudre les problèmes que nous posent les textes. Ces recherches nous les menons de front avec nos fouilles; chaque année voit nos documents s'accroître de collections d'histoire naturelle, de cartes nouvellement relevées. Malheureusement nos forces ne répondent pas à nos désirs et ces travaux n'avancent que très lentement.

On peut voir d'après les pages qui précèdent combien est vaste le champ d'études de la Délégation, combien son but est élevé; je ne l'atteindrai jamais personnellement. Au moins aurons-nous été les premiers, mes attachés et moi, à travailler pour une institution scientifique dont les efforts modifieront singulièrement les premières pages de l'histoire du Monde.

Vase préhistorique de Suse.